김일성이 일으킨 6·25 전쟁

김일성이 일으킨

6·25전쟁

강규형·김용삼·남정욱·정경희·주익종 지음

기파랑

옛 소련의 전체주의를 신랄하게 비판한 소설 『동물농장』은 이제 고전의 반열에 올라 있다. 일찌감치 공산 전체주의의 결함을 간파한 저자 조지 오웰George Orwell은 소련을 비롯한 공산권이 붕괴하면서 미래를 예견한 천재 작가로 불린다. 하지만 이 책은 원고가 완성된 뒤에도 2년 동안 출판해 줄 곳을 찾지 못해서 1945년에야 가까스로 출판되었다. 그것은 당시 영국 지식인들의 좌편향 때문이었다. 당시 영국은 친소親蘇 분위기가 만연해 있어, 지식인들은 소련 체제와 스탈린에 대한 비판을 금기시했다. 그래서 여러 출판사가 스탈린 전체주의의 본질을 파헤친 『동물농장』의 출판을 거절했던 것이다. 영국 총리 처칠을 공격하는 내용은 출판돼도 소련의 스탈린을 공격하는 내용은 거의 출판되지 않는 게 당시 영국의 현실이었다.

오늘날 대한민국이 처한 현실은 20세기 중엽 영국의 상황과 별반 다르지 않다. 6·25전쟁에 관한 역사 교과서들의 서술을 보면, 전쟁을 일으켜 수백만 명을 사지死地로 몰아넣은 북한 김일성에 대해서는 아무런 언급도 하지 않는다. 반면에, 불시에 침략을 당하고도 전쟁을 승리로 이끌었고 결과적으로 대한민국을 공산주의로부터 지켜 낸 이승만 대통령에 대해서는 전쟁 중에 민간인을 '학살'했다는 등 날 선 비판으로 가득하다.

6·25전쟁은 흔히 '잊힌 전쟁'이라고 불린다. 하지만 6·25전쟁의 피해는 잊기에는 너무도 엄청나다. 인명 피해만 보더라도 군인과 민간인을 합쳐 사망자가 149만 명을 넘고, 부상자가 100만 명을 넘는다. 실종자 및 포로의 숫자도 사망자 숫자에 버금간다. 북한군이 납치해서 끌고간 민간인 납북자, 미未 송환 국군 포로, 전쟁 중 발생한 이산가족 등의 문제는 아직도 해결되지 않은 채 남아있다. 6·25전쟁이 아직은 '잊지 말아야 할 전쟁'인 까닭이 여기에 있다.

요즘은 일제시기는 물론이고 구한말舊韓末까지 거슬러 올라가 백 년도 더 된 사건들을 들추어 내며 "역사를 잊은 민족에게 미래는 없다"고 외치는 사람들이 많다. 그런데 그들은 70년도 안 된 6·25전쟁에 대해서는 왜 잊지 말자고 외치지 않는가? 그들이 말하는 역사 인식의 주체가 '국민'이 아니라 '민족'인 데다, 6·25전쟁을 "우리민족끼리"의 전쟁으로 인식하고 있기 때문이 아닐까 하는 의심이 드는 대목이다.

이 책에서는 '누가, 무엇 때문에 6·25전쟁을 일으켰는가?', '6·25전쟁은 어떻게 진행되었는가?', '6·25전쟁의 결말은 무엇인가?' 등의 물음에 관해, 엄정하지만 누구라도 쉽게 이해할 수 있는 서술을 하려고 노력했다. 될 수 있는 대로 많은 '국민'들이 6·25전쟁을 올바로 기억하도록 하기 위해서임은 물론이다. 역사를 잊은 '국민'에게 미래는 없기 때문이다.

2019년 6월
필진을 대표하여 정경희 씀

차례

1949년 3월, 스탈린에게 남침 허락을 받기 위해 소련의 모스크바 역에 도착한 김일성과 박헌영.
앞줄 왼쪽이 김일성이고 오른쪽 안경 쓴 사람이 박헌영이다.

01
김일성과 박헌영이
모스크바로 간 까닭은?

6·25전쟁은 1950년 6월 25일 새벽 북한군의 대한민국에 대한 전격적인 남침南侵으로 시작됐다.

6·25전쟁 발발을 두고 여러 논란이 있었다. 북한은 아직도 남쪽의 공격에 대한 북한의 반격으로 전쟁이 시작됐다고 주장한다. 1980년대 이래 한국 학계와 사회에서도 이른바 '수정주의' 학자들을 중심으로 '자연발생적 내전內戰' 설이 광범위하게 퍼졌다. 그러나 미국과 소련 간의 냉전冷戰이 종식된 이후 구舊 소련의 기밀문서와 중국의 문서 등을 통해 이런 주장이 대부분 허구임이 드러났다. 특히 1993년 1월 러시아 문서보관소에서 남침

임을 증명하는 결정적 증거가 담긴 문서가 발견되면서 6·25전쟁의 전모가 실증적으로 드러났다.

북한의 남침은 소련 최고지도자 스탈린Yosif Stalin의 동의 없이는 불가능한 일이었다.

스탈린은 초기에는 김일성의 남침 제안에 신중론을 제기했다. 1949년 3월 모스크바를 방문한 김일성(수상)과 박헌영(부수상 겸 외무장관)이 처음 남침을 제안하자 스탈린은, "전쟁을 단기간에 끝낼 수 있고 미국이 개입 안 한다는 보장이 있어야만 남침이 허용될 수 있다"고 했다. 스탈린은 미군이 남한에서 철수한 직후인 1949년 8월 김일성이 다시 남한에 대한 공격을 허가해 달라고 요청했을 때도 일단 거절했다.

그러나 1949년 10월 중국대륙에서 공산당이 최종 승리를 거두고 필요시에 한반도에 개입할 수 있게 되자 스탈린의 태도가 달라졌다. 또 미국에 심어 놓은 고위급 스파이(도널드 맥클린)를 통해 미국의 대對 아시아 정책이 소극적으로 전환된 것을 간파하고 있었다.

Document VII:
Ciphered telegram from Stalin to Shtykov,
30 January 1950

1. I received your report. I understand the dissatisfaction of Comrade Kim Il Sung, but he must understand that such a large matter in regard to South Korea such as he wants to undertake needs large preparation. The matter must be organized so that there would not be too great a risk. If he wants to discuss this matter with me, then I will always be ready to receive him and discuss with him. Transmit all this to Kim Il Sung and tell him that I am ready to help him in this matter.

2. I have a request for Comrade Kim Il Sung. The Soviet Union is experiencing a great insufficiency in lead. We would like to receive from Korea a yearly minimum of 25,000 tons of lead. Korea would render us a great assistance if it could yearly send to the Soviet Union the indicated amount of lead. I hope that Kim Il Sung will not refuse us in this. It is possible that Kim Il Sung needs our technical assistance and some number of Soviet specialists. We are ready to render this assistance. Transmit this request of mine to comrade Kim Il Sung and ask him for me, to communicate to me his consideration on this matter.

[Source: AVP RF, Fond 059a, Opis 5a, Delo 3, Papka 11, list 92.]

스탈린이 1950년 1월 30일 주 북한대사인 슈티코프에게 보낸 전문.

실제로 그 직후 1950년 1월 미국 국무장관 딘 애치슨 Dean Acheson이 연설을 통해 미국의 새로운 방위선線에서 한반도를 제외하자(애치슨 라인) 스탈린은 김일성에게 "나는 당신을 도울 준비가 돼 있다"고 비로소 알렸다.

1949년 10월 중화인민공화국(중공中共) 창설, 즉 중국 대륙 공산화에 고무된 김일성은 이듬해인 1950년 1월 평양 주재 소련 대사 테렌티 슈티코프Terentii F. Shtykov(쉬띄꼬쁘로도 표기)를 통해, 남침을 승인받기 위해 스탈린 면담을 요청했다. 김일성은 "나는 공산주의자, 즉 엄격하게 규율에 따르는 사람이므로 나에게 스탈린 동지의 명령은 법이기 때문에, 독단적으로 공격을 개시할 순 없다"고 말했다.

1월 30일, 스탈린은 김일성에게 "나는 김일성을 도울 준비가 되어 있다. 그러나 남한과 관련해 김일성이 도모하고자 하는 일은 매우 심각한 문제이므로 철저한 준비가 돼 있어야 한다"고 알려 왔다. 스탈린은 여전히 남한 문제에 미국이 개입할 가능성이 소련을 위험하게 할 수 있다고 우려하고 있었기에 "심각한 위기가 발생하지 않도록 이 문제는 잘 계획돼야 한다"고 덧붙였다.[1]

3월 하순, 김일성과 박헌영은 소련 군사고문들과 공격 계획을 논의하기 위해 비밀리에 모스크바를 방문했다.

---

1 Ciphered Telegram from Shtykov to Vyshinsky, 19 January 1950, AVPRF, Fond 059a, Opis 5a, Delo 3, Papka 11, Listy 87–91;
Ciphered telegram from Stalin to Shtykov, 30 January 1950, AVPRF, Fond 059a, Opis 5a, Delo 3, Papka 11, List 92.
이 문서들의 영어로 번역된 전문은 Cold War International History Project Bulletin, Issue 5, Spring 1995, pp. 8–9.
https://www.wilsoncenter.org/sites/default/files/CWIHP_Bulletin_5.pdf pp. 8–9.

CIPHERED TELEGRAM

Destination: PEKING To whom: SovAmbassador

SPECIAL

For Mao-Tse-Tung.

"Comr. Mao-Tse-Tung!

In a conversation with the Korean comrades Filippov [Stalin] and his friends expressed the opinion, that, in light of the changed international situation, they agree with the proposal of the Koreans to move toward reunification [*pristupit k obiednineniiu*]. In this regard a qualification was made [*pri etom bilo ogovoreno*], that the question should be decided finally by the Chinese and Korean comrades together, and in case of disagreement by the Chinese comrades the decision on the question should be postponed until a new discussion. The Korean comrades can tell you the details of the conversation.

Filippov".

Telegraph the fulfillment [*ispolneniie telegraf'te*].

VYSHINSKY

5 copies
14 May 1950

Copies:

1. Comr. <u>Stalin</u>
2. Comr. <u>Molotov</u>
3. Comr. <u>Vyshinsky</u>
4. Comr. <u>10th department</u>
5. Comr. <u>Copy</u>

(Source: APRF.)

모택동이 스탈린에게 북한의 남침에 대해 승인했냐는 질문에 대한 스탈린의 확인 답변 전문(電文).[2](소련 외무부장관 비신스키 발송)

02
김일성, 스탈린, 모택동이
기획한 전쟁!

　스탈린은 1950년 3월 모스크바에 온 김일성과 박헌영에게 드디어 남침을 허가했다.

　스탈린은 김일성과 박헌영에게 "해방전쟁의 모든 득과 실을 다시 한 번 따져 보시오. 무엇보다 먼저, 미국이 개입할 것 같소, 아닐 것 같소?"라고 물었다. 둘째로, 스탈린은 북한이 도움을 필요로 할 때 중국의 원군援軍 파

2　Cold War International History Project Bulletin vol.4 (Fasll, 1994) p. 61.https://www.wilsoncenter.org/sites/default/files/CWIHP_Bulletin_4.pdf, p.61 에서도 볼 수 있다. 사진 참조. Filippov는 스탈린이 전문에서 자주 쓰는 가명이었다.

병 가능성에 기대를 걸고 있었기에 "해방전쟁은 중국 지도자(마오쩌둥)가 승인을 해야만 시작할 수 있을 것"이라고 규정했다. 김일성은 스탈린에게 자신 있게, 미국은 개입하지 않을 것이라 단언했다. "미국은 이제 북한 뒤에서 소련과 중국이 도울 수 있다는 것을 알고 있으니 큰 전쟁이라는 모험을 하지 않을 것"이라는 것이었다. 스탈린은 결국 김일성과 박헌영에게, 북한군의 전쟁 준비에 대해 논의하고 필요한 무기와 군수물자를 공급해 주겠다고 약속했다.

스탈린은 3단계 공격 방침을 제시했다.

첫째, 38도선 근처에 병력을 집중할 것.
둘째, 북한이 통일의 새로운 제안을 제시할 것.
셋째, 그 제안들을 거절당하면 공격을 개시할 것.

스탈린은 "옹진반도에서 남한 군대와의 교전을 유인해 전쟁 발발을 위장하자"는 김일성의 제안에 동의했다. 남한이 옹진에 반격을 가해 오면 북한은 전선戰線을 확대할 구실이 생길 것이다. 스탈린은 "전쟁은 신속하고 빨라야 한다. 남한과 미국이 정신을 가다듬을 시간을 주어선 안 된다. 그들이 강력한 저항을 하거나 국제적인 지원을 얻으려고 움직일 시간을 주어선 안 된다"고 강조했다. 그러면서 스탈린은 김일성과 박헌영에게, 소련이 전쟁에 직접 참여할 것은 기대하지 말라고 강조했다. 그는 미국과 섣부르게 전쟁을 하길 원치 않았다.

결론적으로 베이징에서 전쟁을 지원해 줄 것을 예상하고 소련과 북한의 지도자는 "1950년 여름에 북한군의 총동원령을 내릴 것이며, 그때 북한의 각료는 소련의 충고와 지도를 받아 구체적인 공세 계획을 확립"하자는 데 동의했다.

스탈린은 만일의 사태에 대비하기 위해 김일성과 박헌영에게, 군사행동을 진행하기 전에 마오쩌둥(모택동)에게 허락을 받으라고 요구했다. 김일성과 박헌영이 5월 13일 베이징을 비밀리에 방문해 스탈린의 지시사항을 마오쩌둥에게 전달하자, 마오쩌둥은 스탈린에게 이 소식의 진위를 확인해 달라는 전문電文을 보냈다. 스탈린으로부터 소련이 한반도에서 군사적 행동을 승인했다는 답을 들은 뒤 마오쩌둥은 계획에 동의하는 것 외에는 선택의 여지가 없다는 것을 알게 되었다. 마오쩌둥은 결국 5월 15일, 남한에 대한 공격으로 미국이 다시 개입하는 위험을 감수하기 전에 대만(타이완)에 남아 있는 국민당을 물리치는 것이 우선순위지만, 원칙적으로 북한의 동지를 도울 것이라고 약속했다. "일단 대만을 해방시키면 북한이 남한을 해방시키도록 도와주려 했지만, 한반도에서의 해방이 먼저 결정되었으니 공동의 목적을 위하여 미국이 개입하면 중국이 북한을 도와주겠다"는 것이었다. 그래서 마오쩌둥은 김일성에게 전쟁의 승인과 중국의 원조를 약속했으나, 장기전은 피하라고 경고했다.

5월 중순 김일성이 베이징에서 돌아온 후 전쟁 준비는 급속도로 진행됐다. 슈티코프 대사는 소련이 보급해주기로 약속한 무기와 장비 대부분이 북한에 도착했다고 5월 29일 스탈린에게 보고했다. 김일성은 새로 창설된 북한군을 점검하고 6월 말경에는 전쟁 준비가 완료될 것으로 기대했다. 2차 세계대전 때 독·소獨蘇 전쟁의 영웅 바실리예프 장군이 스탈린과 김일성·박헌영 회담 후 북한의 전쟁 계획 수립을 지원하기 위해 평양에 급파되어, 북한군 수뇌부와 전쟁 계획을 함께 점검했다.

당초 북한군은 총공세를 시작하기 전 전초전으로 옹진반도에서 국지전을 벌일 계획이었다. 하지만 6월 21일 스탈린은 김일성의 긴급 메시지를 받았다. 북한 정보국이 수집한 정보에 따르면 남한이 북한군의 이동 상황을 파악하고 옹진 쪽의 군사력을 강화하고 있기 때문에, 모든 전선에서 전면전을 벌이는 것이 낫다는 제안이었다. 스탈린은 이에 동의했고, 6월 25일 새벽 침공이 시작됐다.

이것이 역사의 진실이다. 구舊 공산권 측에서 얻은 증거 자료는 6·25가 김일성과 박헌영이 창안하고 스탈린과 마오쩌둥의 승인 아래 일어났다는 사실을 명백히 밝혀 주고 있다.

1950년 7월 19일, 미국의 6·25전쟁 참전에 관해 라디오와 텔레비전 연설을 하는 트루먼 대통령.

03
미국과 유엔의
참전 결정

1950년 7월 19일, 트루먼 대통령은 라디오와 텔레비전을 통해 다음과 같은 연설을 했다.

수천 마일 떨어진 작은 나라, 한국에서 지금 벌어지는 사태는 모든 미국인에게 중요합니다. (…) 공산주의 세력이 한국을 침략했다는 사실은 세계 다른 지역에서도 비슷한 공격 행동이 있을 것을 분명히 알려줍니다. (…) 북한의 남침은 유엔헌장 위반이고 평화를 침해한 것입니다. 우리는 이 도전에 정면으로 대응해야 합니다.

6·25전쟁이 발발하자 미국 정부는 발 빠르게 대응했다.

무초John Joseph Muccio 주한 대사가 본국 국무부에 북한의 남침 사실을 보고한 것은 현지 시각 6월 24일 토요일 저녁 9시 반(한국 시각 25일 오전 10시)이었다. 국무부에는 이미 통신사 보도를 통해 전쟁 발발 소식이 들어와 있었다. 극동담당차관보 딘 러스크David Dean Rusk 등은 긴급회의를 열고 국무장관 애치슨Dean G. Acheson에게도 북한의 남침을 보고했다. 애치슨은 밤 10시가 좀 넘은 시각에 트루먼Harry S. Truman 대통령에게 남침 사실을 보고하고 유엔 안전보장이사회(안보리) 소집을 건의했고, 트루먼은 즉각 안보리를 소집하라고 애치슨에게 지시했다. 미 국무부는 밤 11시 30분에 유엔 사무총장에게 안보리 소집을 요구하겠다는 의사를 밝히고, 25일 일요일 아침 미 유엔 대표부가 안보리 소집 요구서와 결의안을 제출했다.

25일 오후 열린 유엔 안보리는 북한의 행위를 침략행위로 규정하고, 북한군의 38선 이북 철수를 요구하는 결의안을 채택했다. 그럼에도 북한군이 이 결의를 무시하고 남진을 계속하자 유엔 안보리는 27일 군사력으로 한국을 지원하도록 회원국에게 권고하는 새 결의안을 채택했다. 곧 유엔군 파병 결의였다.

한국은 당시 미국의 대외전략상 중요도가 떨어지는 곳이었다. 그럼에도 왜 미국은 북한의 남침에 대해 즉각 반대하고 북한군을 격퇴하기 위한 유엔군 결성에 나섰을까?

그것은 6·25전쟁이, 자유세계 수호에 대한 미국의 의지를 시험하기 위해 스탈린이 일으킨 전쟁이기 때문이었다. 미국은 소련의 이 의도를 알고 있었다. 미국이 북한의 남침을 방관한다면 소련이 또 다른 곳에서 침략을 저지를 것이고 그 때문에 제3차 세계대전을 피할 수 없기에, 미국은 북한이 남침하자마자 곧바로 이를 격퇴하는 일에 나섰다. 고향 미주리에 가 있던 트루먼은 워싱턴으로 돌아오기 전 애치슨의 두 번째 전화를 받고 "우리는 무슨 일이 있든지 그 개자식들이 내려오지 못하게 막아야 합니다. Dean, we've got to stop the sons of bitches no matter what."라는 말까지 했다.

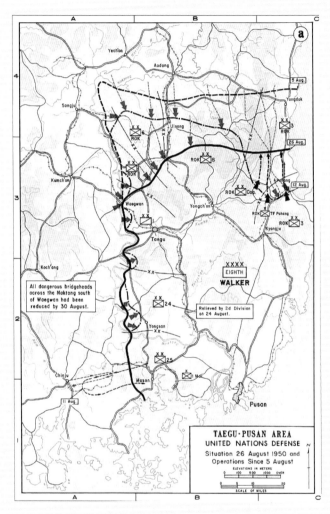

총 길이 200km의 낙동강 방어선(1950년 8월). 왼쪽(서쪽) 방어선을 'X선', 위쪽(북쪽)의 방어선은 'Y선'이라 부른다.

04
"낙동강 전선을
사수하라"

파죽지세破竹之勢. 대나무를 결 따라 쪼개 나가는 무서운 기세를 말하지만, 이것도 어느 지점(마디)에서는 제동이 걸린다. 그게 6·25전쟁에서는 대구였고 낙동강 전투였다.

1950년 8월 15일까지 부산을 점령하겠다던 원래의 계획이 실현 불가능하다는 사실을 깨달은 김일성은 부산 대신 대구 점령을 목표로 전선을 다그친다. 국토의 90%를 북한군에 빼앗기고 낙동강 일대에 최후의 방어선을 친 국군과 미군 역시 절박하기는 마찬가지였다.

전투는 치열할 수밖에 없었고, 그중 가장 격렬했던 것이 경상북도 칠곡군 왜관 북동쪽에서 벌어진 '다부동 전투'다.

북한군은 2군단 예하 제3, 13, 15사단을 투입한다. 북제3사단은 서울을 맨 처음 점령한 최정예 부대다. 이에 맞선 게 백선엽 준장의 국군 제1사단이다.

바짝 붙어 싸우다 보니 총포 대신 수류탄을 주고받는 수류탄전까지 펼쳐졌고, 대인對人 수류탄이 떨어지자 나중에는 대전차용까지 집어던졌다. 마침내 육탄으로 겨루는 백병전白兵戰. 발밑으로 피가 강물처럼 흘렀다. 8월 15일이 다가오자 북한군에 21대의 전차(탱크)가 추가 배치된다. 국군 제1사단은 전차가 없었다.

일곱 차례에 걸친 야간 기습에서 북한군은 전부 패배했다. 실패한 공격 방식을 계속 고집했기 때문이다. 북한군의 마지막 야간 공격은 8월 24일이었다.

전투 중 미군 수뇌부에, 한국군이 싸우지도 않고 달아난다는 보고가 올라갔다. 미군은 분통을 터트렸다. "한국군도 안 싸우는데 우리가 왜 싸워야 하냐"며 항의를 하러 전선을 찾았다. 도착한 미군들이 목격한 것은 선두에서 권총을 들고 돌격하는 사단장의 모습이었다. 백선엽 사단장은 "미군도 이 낯선 땅에서 싸우는데 우리가 후퇴하는 건 부끄러운 일이다. 내가 제일 앞에 설 테니 내가 후퇴하면 나를 쏴라!"라고 명령하고 앞으로 달려 나갔다.

잘못된 보고서를 올린 담당자는 사과했고, 이를 지켜본 한 미군 대령은 "사단장이 가장 앞에 서는 한국군은 신神의 군대"라며 감탄을 금치 못했다.

낙동강 전선의 가장 큰 무기는, 더는 물러날 곳이 없다는 절박함이었다. 절박함은 가장 나중에 발휘되는 것이지만, 전쟁에서는 때로 승패를 가로 짓는 중요한 요인이 되기도 한다.

다부동 전투에서 국군 2,300명이 전사했다. 북한군은 그 배가 넘는 5,690명이 전사했다. 나중에 알고 보니 낙동강 전선에서 죽은 북한군의 대부분은 남한에서 '의용군'이라는 이름으로 강제 징집된 젊은이들이었다. 실패한 야간 공격을 계속한 이유도 설명이 되었다. 공격에 투입된 병력이 남한에서 징발한 소모용 병력이었기 때문이다. 참으로 잔인하고 비인도적인 전술이었다. 공산주의란 그런 것이다.

"전우의 시체를 넘고 넘어~"로 시작하는 진중陣中 가요 〈전우야 잘 자라〉(1950)와 영화 〈태극기 휘날리며〉(2004)가 이 다부동 전투를 배경으로 만들어졌다.

05
만약에 지계부대가
없었더라면

전쟁에서 전투 못지않게 중요한 것이 보급이다. 보급이 끊기면 전투력이 약화되고 결국 패배로 이어진다. 국토의 70%가 산악지대인 한국의 전쟁에서 보급은 특히 중요했다.

미군 차량이 진입할 수 없는 산꼭대기까지 전쟁 물자를 보급할 수단이 없어 어려움을 겪고 있을 때 등장한 것이 바로 '지계부대'로 더 잘 알려진 미8군 한국노무단 Korean Service Corps, KSC이다. 지계를 옆에서 본 모양이 영어 알파벳의 'A' 같다고 해서 미군이 'A프레임 아미A Frame Army'라고도 부른 지계부대는 까마득한 산꼭대기까지 보

6·25전쟁의 잊힌 영웅, 지게부대. 정식 명칭은 '한국노무단'이었다.

급품을 실어 나른 전무후무한 수송부대였다.

지게부대원들은 1인당 50㎏에 달하는 탄약과 전투식량을 지고 험한 산길을 올랐고, 내려올 때는 부상자와 전사자를 지고 내려왔다. 미군들은 지게를 보고 "이 정도면 박격포도 실어 나를 수 있겠다"며 그 편리함과 우수성에 감탄했다.

산길은 험하고 위험했다. 사방에서 저격수들의 총탄이 기다리고 있었다. 추산 30만 명에 달하던 지게부대원 중 2천 명 이상이 전사했다. 실종은 2,400여 명, 부상자도 4천여 명이나 되었다.

미 8군 사령관 밴 플리트 장군은 "지게부대가 없었다면 최소한 10만 명 정도의 미군 병력을 추가로 파병했어야 했을 것"이라며 당시를 회고했다.

1950년 10월 4일, 인민재판에 의해 처형된 3백여 명의 민간인. 유엔군의 진격이 예상보다 빨라서 퇴각하던 북한군은 미처 시신을 은폐할 겨를이 없었다.

06
양민을 학살한
인민재판

6·25전쟁 중 과정에서 수많은 민간인이 납치·살해되었다. 남한 지역에서의 전범행위는 북한 공산군 및 북한에서 내려온 공산당과 그를 도운 남한 좌익 및 빨치산 들이 저질렀고, 북한 지역에서의 행위는 패주하는 북한군및 공산당 세력이 주범이었다.

이들 집단 살해·납치의 지시자는 김일성이다. 따라서 김일성과 북한 공산군 지휘부, 공산당 지도부, 그 하수인으로서 행동대 역할을 자임한 남한 좌익들은 '런던헌장'의 '평화에 반하는 죄', '전쟁범죄', '인도人道에 반하는 죄' 모두에 해당하며, '국제형사재판소에 관한 로마

규정'의 '집단살해죄', '인도에 반한 죄', '전쟁범죄', '침략범죄' 모두에 해당한다.

북한 제3, 4사단과 제105기갑여단이 남침 사흘 만에 수도 서울을 점령한 6월 28일 김일성은 "우리 조국 수도 서울 해방에 제하여"라는 축하 연설을 발표했다. 이 연설에서 김일성은 다음과 같이 지시한다.

전체 조선 인민에게는 전쟁을 조속한 시일 내에 승리로 종결시키기 위해 모든 역량을 다하는 인민군에 협조할 것과, 미未 해방 지역 인민은 빨치산 활동을 전개하여 후방을 교란하고 도처에서 인민 폭동을 일으켜 군수물자 수송을 하지 못하도록 방해할 것과, 해방된 서울시민들은 민주질서를 속히 수립하며 수도의 복구 건설 사업에 착수하며, 반동에 의해 해산되었던 자기의 정권기관인 인민위원회들을 급히 복구하여 인민군대를 적극 원조하여야 하겠습니다.[3]

---

3   한국홍보협회, 『한국동란』 (1973), 255쪽.

이 지시에 의거하여 서울을 점령한 북한군은 시내 소탕 작전과 '국가반역자'(한국의 공무원, 우익 인사, 자본가, 지주, 군인, 경찰 등)들을 검거하기 시작했다. 북한군 전차는 서울에 들어오자마자 서대문형무소(지금 서대문독립공원)로 직행하여 정치범을 비롯하여 수감자들을 석방하고는 이들을 '인민의 영웅'으로 추켜세워 '국가반역자'들을 잡아들이는 앞잡이로 이용했다. 이들을 잡아들이는 주체는 북한군의 뒤를 따라 들어온 정체불명의 부대(아마도 정치보위부)였는데, 체포된 사람은 수만 명에 이르렀다.

7월 초, '조선노동당 중앙위원회 서울 파견 연락사무소'가 서울에 설치되었다. 서울 파견 연락사무소는 김일성 위원장의 명령에 따라 식량 및 건물·주택 징발, 남한 청년 징집 등을 추진하기 시작했다.[4] 이때의 명령 일곱 번째 항목에 "전시하에서 정치적 적대자를 숙청한다"라는 항목이 있다. 이것은 공산주의에 반대하는 반공주의자, 대한민국 수호를 위해 고군분투한 군경 및 그 가족,

---

4   박갑동, 구윤서 옮김, 『한국전쟁과 김일성』(바람과 물결, 1990), 105쪽.

자유민주주의자 등 소위 '반동분자'의 철저한 숙청은 물론, 중간파도 전원 체포하여 남한 정계를 완전히 숙청하고 김일성이 안심하고 서울로 천도할 수 있게 사전 준비를 하라는 지시였다. 이 자료는 전시하에서 정치적 적대자 숙청(즉 살해·납치)의 최종 명령자는 김일성이라는 사실을 증거하고 있다.

　김일성의 이 명령에 따라 북한군이 남한을 점령한 점령 지역에서는 '인민재판'이 벌어졌다. 정식 재판이 아닌 '인민' 재판에 의해 공산주의에 반대하는 세력들의 광범위한 체포·처형·납치가 자행된 것이다.

07
성공 확률 5천분의 1,
인천상륙작전

1950년 9월 15일 새벽, 스트러블Arthur D. Struble 미 해군 제독이 지휘하는 제7합동기동부대 소속의 항공모함과 순양함, 구축함과 제10군단 병력이 탑승한 대규모 선단이 인천 앞바다에 집결했다. 이날 유엔군 소속 함정은 8개국에서 참전한 261척. 미 제5해병연대 제3대대의 선봉 공격대가 인천 수로에 진입하자 순양함과 구축함들이 일제히 함포사격을 개시했다. '크로마이트Chromite 작전'이라 명명된 인천상륙작전이 전격 단행된 것이다.

미국의 모든 군사 전문가들은 "인천에 군사적 상륙은

인천상륙작전은 "성공 확률 5천분의 1"이라며 반대하는 미 군부의 우려를 불식시키고 맥아더 장군이 성공시킨 역사적인 작전이었다.

미친 짓"이라며 반대했다. 수로가 좁아 대규모 선단의 진입에 어려움이 크고, 10m에 이르는 조수 간만의 차, 적이 좁은 수로에 기뢰를 매설할 경우 많은 피해가 예상되는 등 수많은 제약 요인으로 인해 성공 확률이 5천분의 1 정도로 낮았기 때문이다. 그러나 유엔군 총사령관 맥아더Douglas MacArthur 원수는 역발상으로 "5달러를 내고 5만 달러를 딸 수 있는 기회"라며 반대파들을 끈질기게 설득했다.

9월 15일, 인천항에는 오후 늦게부터 가랑비가 내렸다. 미 제10군단은 상륙 지점인 '레드', '블루', '그린' 해안에 병력과 장비를 양륙揚陸시키고 이튿날 아침부터 서울을 향한 진격을 개시했다.

낙동강 전선의 돌파를 위해 비좁은 경상도 지역에 전력을 집중시켰던 공산군은 허리에 비수를 맞은 형국이었다. 낙동강 방어선 돌파를 위해 총력을 쏟아 붓고 있던 북한군은 졸지에 보급선이 끊기면서 거대한 포위망에 갇혀 버렸다. 부대가 와해되면서 지휘관들은 부대를 장악하지 못했고, 전투원들은 군복을 벗어던지고 사복으

로 갈아입고 도주했다. 심지어 군관(장교)들까지 사복으
로 갈아입고 도주 대열에 합류했다.

당시 전황을 평가하기 위해 전선으로 나갔던 소련군
마트베예프 장군은 스탈린에게 다음과 같이 보고했다.

인민군은 미 공군의 폭격으로 막대한 손실을 입어 전
차 대부분과 화포를 잃었다. 지금 인민군은 힘겨운 지
구전 양상에 놓여 있다. 부대에는 탄약과 연료가 부족
하고 보급도 차단됐다. 무엇이 얼마나 부족한지에 대
한 산출조차 불가능하다.[5]

위기에 처한 김일성은 9월 29일 스탈린에게 직접적
인 군사 개입을 요구하는 긴급 전문을 보냈다.

9월 30일, 맥아더는 도쿄와 서울에서의 방송을 통해
김일성에게 무조건 항복을 요구하는 최후통첩을 보냈
다. 다음날인 10월 1일 국군 제3사단이 38선을 넘어 북

---

5   A. V. 토르쿠노프 지음, 구종서 옮김, 『한국전쟁의 진실과 수수께끼』 (에
    디터, 2003), 159쪽.

진을 개시했다.

　5천 분의 1이라는 희대의 도박은 맥아더의 예언대로 멋지게 성공했다.

1950년 9월 28일 서울을 탈환하고 중앙청에 태극기를 게양하는 국군

08
다시 찾은
서울

9월 15일 인천상륙작전이 시작되자 낙동강 전선에서도 반격작전이 개시되었다.

9월 16일, 수세에서 공세로 전환한 국군과 유엔군은 일주일 만에 북한군의 낙동강 방어선을 돌파하여 곧바로 적을 추격하기 시작했다. 인천상륙작전으로 퇴로를 차단당한 북한군은 그야말로 '독안에 든 쥐'가 되고 말았다.[6] 인천에 유엔군이 상륙했다는 소식이 전선에 퍼지면서 북한군은 전의戰意를 잃고 급속히 무너졌다.

낙동강 전선에서 퇴각하던 북한군 병사 가운데 상당

수가 대오를 이탈해서 도주했는데 이들은 대부분 남한 점령지에서 강제로 징집된 이른바 '의용군'들이었다. 북한은 남한 청년들 40만 명을 끌어다가 국군에게 총부리를 들이대도록 했던 것이다.

9월 27일, 낙동강 전선을 돌파하고 북쪽으로 진격하던 미 8군과 인천상륙군이 서울 외곽에서 합류했고, 마침내 9월 28일 국군과 유엔군은 서울을 탈환했다. 석 달 가까이 적에게 점령되어 있던 수도를 되찾은 것이다.

9월 29일에는 서울 수복을 기념하는 역사적인 환도식還都式이 중앙청에서 열렸다. 이 기념식에서 유엔군 총사령관 맥아더 장군은 "인류의 가장 큰 희망의 상징인 유엔 깃발 아래서 싸우는 우리 군대가 한국의 수도를 해방하게 되었다"면서, "이제 서울시민들은 공산주의의 압제에서 해방되어 자유와 인권을 되찾게 되었다"고 선언

---

6 유엔군과 국군의 북진으로 압록강변까지 대피한 김일성과 박헌영은 11월 7일, 패배의 책임을 상대방에게 전가하는 추한 싸움을 벌였다. 싸움 도중에 박헌영은 김일성이 낙동강 전선으로 군대를 다 보내는 바람에 후퇴할 때 '독 안에 든 쥐'가 되고 말았다며 김일성을 힐난했다. 박명림, 『한국 1950 전쟁과 평화』(나남, 2002), 454~457쪽.

했다. 이승만 대통령은 맥아더 장군의 손을 잡으며 감격의 눈물을 흘렸다. 석 달 동안 적의 치하에서 고통 받던 많은 시민들이 몰려나와 태극기를 흔들며 환호했다.

1950년 9월 28일 대전을 탈환한 미군 병사가 퇴각하던 북한 공산군에 의해 학살된 민간인 400여 구의 시신이 발견된 대전교도소를 둘러보고 있다.

09
퇴각하는 북한군의
만행

김일성은 6·25전쟁이 시작되기 전 평양방송을 통해 "대통령 이승만 등 한국의 최고지도부 9명 이외에는 정치적 책임을 묻지 않겠다"고 선전했다. 그러나 서울에 나타난 김일성 정권은 공무원은 물론이고 이승만에게 반대하는 국회의원, 정치가, 언론인까지 체포했다. 퇴각할 때는 이승만의 정적政敵인 김규식, 조소앙, 안재홍 등 인망 높은 정치가들까지 납치해 갔다.[7]

---

7 박갑동, 구윤서 옮김, 『한국전쟁과 김일성』 (바람과 물결, 1990), 109쪽.

6·25 납북자 수는 1952년 정부가 작성한 『6·25사변 피납치자 명부』에 따르면 8만 2,959명이다. 납북자들은 국회의원은 물론 공직자, 정당 간부, 대학교수, 예술가, 종교인, 기술자 등이었다. 이것은 남한 내의 우수한 인재를 고갈시키는 작전이었다.

1951년 3월 납북되어 노동당 연락부 공작원 등을 하다가 1976년 귀순한 김용규는 6·25 때 강제로 끌려간 납북 인사의 수를 14만여 명으로 기록하고 있다. 시기별로 보면 개전 초(9·28 서울 수복 전후) 납북된 사람이 8만 4천여 명, 1·4후퇴 때 납북된 사람이 5만 5천여 명이다.

공보처 통계국이 1952년 3월 31일 작성한 『6·25사변 피살자 명부』에 의하면 6·25 때 북한 공산군과 좌익들에 의해 피살된 남한 사람은 5만 9,964명이다. 1952년 10월에 발간된 『대한민국 통계연감』에는 피살자 수가 12만 2,799명으로 기록되어 있다. 6·25 당시 육군참모총장이었던 정일권 장군은 남침 3개월 동안 16만 5천여 명이 학살당하고 12만 2천여 명이 납북되었다고 기록하고 있다. 서울에서만도 9,500여 명이 목숨을 잃었다고 증언했다.

6·25 때 가장 많은 민간인 희생자가 발생한 곳은 전

남 영광군으로, 2만 1,225명이 피살되었다. 영광 지역 전체 피살자의 12%에 해당하는 2,500여 명이 10세 이하의 어린이였다. 영광군 지역에 유독 피살자가 많은 이유는 6·25 당시 북한군이 후퇴할 때 미처 지리산으로 못 들어간 빨치산들이 영광 지역에 많이 모여서 빨치산 활동을 했기 때문이다. 또 다른 이유는 해방 후 사회주의 색채를 가진 인사들이 많았기 때문이다.

9월 28일 유엔군이 서울을 탈환하자 평양에 있던 김일성은 공황 상태에 빠졌다. 이날 평양 상공에는 이른 아침부터 10여 대의 B-29 폭격기가 나타나 평양 시가지를 폭격했다.

오전 7시, 평양 신양리의 지하 방공호에서 김일성은 군사위원회(7인위원회)를 소집했다. 이날 김일성은 다음과 같은 특별 비밀지령을 내렸다.[8]

① 후퇴 중인 인민군 각급 지휘관, 특히 장령(將領, 장성

---

8   이기봉, 『인간 김일성 그의 전부』(길한문화사, 1989), 174-175쪽.

급)과 당의 정권기관 간부들의 사상 동향과 행동 작태를 철저히 감시할 것.

② 김일성 일가친척을 안전하게 만주 땅으로 호송할 것.

③ 서울서 후송(납북)된 우익 민족 진영 인사들을 최종 심사하여 현지 처형이 마땅한 자와 계속 후송 필요 자를 분류할 것.

④ 보호(감금) 중인 조만식을 강계 방면으로의 이송 계획을 세우고, 만약 그가 불응할 경우 평양서 처단할 것.

이 자료는 남한 주요 인사들의 학살, 납북 및 처형은 김일성의 지시에 의한 것임을 입증하고 있다.

인천상륙작전 후 북한군에 의해 자행된 학살은 1950년 9월 25일부터 28일 사이에 집중적으로 발생했다. 그 당시 남한 점령 지역 형무소 및 공공기관에서 자행된 민간인 학살 규모를 보면, 대전형무소(5천~7천500명), 청주형무소(970명), 목포형무소(130명), 인천경찰서(102명), 서천등기소(280명), 여수내무서(120명), 양평군(700명) 등지에서

적게는 100여 명에서 많게는 수천 명에 이르는 민간인들이 학살됐다.

북한군 점령 초기 학살은 '인민재판' 형식을 갖추었으나, 인천상륙작전 후 후퇴할 때에는 김일성의 명령에 의해 심사나 재판 과정 없이 북한군 대대장이나 중대장, 정치보위부 책임자 또는 내무소장(분주소장)의 판단에 따라 학살이 자행됐다. 또한 학살 대상도 우익 인사 개인뿐만 아니라 그 가족까지 포함시킴으로써 그 숫자는 엄청나게 늘어났다.[9]

또한 북한군은 국경 지역으로 후퇴하면서 북한 지역 내의 '반동분자'로 분류되어 형무소와 내무서 유치장에 수감되어 있던 북한 주민을 비롯하여 남한에서 강제로 끌고간 우익 인사들을 학살했다. 이런 사실은 『6·25 전쟁범죄 보고서KWC, Korean War Crimes』[10]에 나타난 북한 지

---

9 국방부 군사편찬연구소, 『6·25전쟁 전후 북한군 등 적대세력에 의한 민간인 희생사건 조사연구보고서: 민간인 학살을 중심으로』, 59쪽.

10 6·25전쟁 중에 미 육군 전범조사단이 작성한 한국전쟁 범죄 조사 문서 (RG153, Office of the Judge Advocate General Army, International Affairs Division, War Crimes Branch, *Investigation of Atrocities Against POW's in Korea*).

역의 민간인 학살 사건에서도 알 수 있다.

북한 정권과 북한군은 남·북한 지역에서 공산 체제에 반대하는 반공주의자들인 종교인과 학생들을 학살했다. 김일성은 국군과 유엔군이 38도선을 돌파하고 북진을 단행하자 무차별 학살을 명령했다. 이 명령에 의해 학살에 참여한 주체는 북한군, 내무서원, 정치보위부, 형무소원 등 북한의 무력 및 치안 기관 요원들과 특별자위대였다.[11]

그렇게 해서 북한 정권 및 북한군에 의해 희생된 민간인 학살 총 규모는 12만 8,936명에 달했다.[12]

---

11 국방부 군사편찬연구소, 앞의 책, 62쪽.
12 위의 책 55쪽.

10
국군의 날이
10월 1일인 까닭

1950년 9월 28일 서울을 탈환한 국군은 북진을 계속해 38선에 도달했다.

국군 지도부의 고민은 38선을 넘어 북한으로 진격하느냐 마느냐를 결정하는 것이었다. 당시 유엔군은 북한으로의 진격을 고려하지 않았는데, 이는 유엔군 참전의 목적이 침략군을 38선 밖으로 밀어내는 데 있었기 때문이다.

이승만 대통령은 9월 29일 중앙청에서 거행된 서울 환도식이 끝난 뒤 맥아더 장군에게 "지체 없이 북진을 해야 한다"고 말했다. 맥아더 장군은 "유엔이 38선을 넘

檀紀四二八三年 九月

大統領 李承晩

三八線突破에關한指令

抑鬱政策으로 軍士分子들이 世界를變

의서 熱狂的으로 空俸浩動하서 유엔

軍이 三八線以北으로 絶對로 넘어서면 안되다 世界

大戰이 슬것이니 맥인더將軍은 英軍根據

그것이오 任 맥아지안코는 戰爭을

地이滿洲를 爆撃하지안코는 戰爭을

遇히 完遂할수업을것이며 유엔

1950년 9월 30일, 이승만 대통령이 국군의 38선 돌파를 지시하면서 국군 총사령관 정일권에게 건넨 명령서. 제목이 '38선 돌파에 관한 지령'이다.

을 권한을 나에게 부여하지 않았다"고 답했다. 대통령의 의중은 이해했으나 유엔의 결정을 따라야 했던 것이다. 이에 이승만 대통령은 "유엔이 이 문제를 결정할 때까지 장군은 휘하 부대를 데리고 기다릴 수가 있지만, 국군이 밀고 올라가는 것을 막을 사람은 아무도 없다"며 "내가 명령을 내리지 않아도 우리 국군은 북진할 것"이라고 말했다. 사실상 국군이 곧 북진할 것임을 통보한 것이었다.

다음 날 이승만 대통령은 국군 지휘부에게 38선을 넘어 즉시 북진하라고 명령을 내렸다. 그러면서 7월 14일에 유엔군사령관에게 넘겨주었던 국군 작전지휘권은 필요할 때 언제나 대통령의 권한으로 회수할 수 있는 것이라고 주장했다. 이 대통령이 전쟁을 수행하면서 지녔던 확고한 목표, 즉 6·25전쟁은 대한민국이 주도하는 통일로 귀결되어야 한다는 목표를 실행에 옮기기 위해서였다.

이승만 대통령은 7월에 트루먼 대통령에게 편지를 보내 38선 돌파의 당위성을 설명한 바 있다. "북한 정권이 무력으로 38선을 파괴하면서 남침한 이상 이제는 38도선이 더 이상 존속할 이유가 완전히 없어졌다." 북한의 공격으로 38도선은 자연 해소되었다는 것이다. 이승만 대통령은 북한이 남침한 지금이야말로 통일을 이룰 절호의 기회라는 것을 간파하고, 6·25를 승리로 이끌어 남북통일을 이룩하려고 했던 것이다.

이승만 대통령의 북진 명령이 떨어지자 국군총사령관 정일권 소장은 작전지휘권을 가진 미 8군 사령관 워커Walton H. Walker 중장을 만나, 동해안 지역 38선 바로 북쪽의 고지를 점령해야 할 군사적 필요성을 역설하고 승인을 얻었다. 10월 1일, 국군 제3사단 23연대가 38선을 넘어 북진을 개시했다. '국군의 날'은 국군이 처음으로 38선을 돌파한 이날을 기념하여 제정되었다.

10월 7일, 유엔에서는 유엔 관리 하에 한반도 전체의 통일 정부를 수립하도록 유엔군이 38선을 넘어 북진하는 것을 허용하는 결의안이 통과되었다. 이튿날 유엔군도 38선을 넘어 북진을 시작했다.

동해안 양양에서 북진을 시작한 국군 부대는 10월 10일 원산을 점령했다. 200km를 열흘 만에 진격한 것이다.

서부전선에서는 국군 제1사단이 하루 평균 20km를 진격해서 유엔군과 함께 10월 19일에 평양을 되찾았다.

10월 30일에는 평양 입성 시민 환영대회가 평양에서 열렸다. 이 대회에서 평양시민들은 국군과 유엔군의 평양 탈환으로 공산 치하에서 해방된 것을 축하하고, 이승만 대통령의 연설을 들으며 감격의 눈물을 흘렸다.

압록강변에 도달해 수통에 물을 담는 국군 병사. 이 수통은 현재 전쟁기념
관에 전시되어 있다.

11
"대통령 각하,
압록강 물입니다"

평양이 아군에게 점령되면서 북한 정권은 무너진 것이나 다름없었다. 김일성은 국군과 유엔군이 평양에 진입하기 훨씬 전인 10월 11일에 이미 평양을 버리고 평안북도 강계로 도망쳤다가, 미군의 폭격이 심해지자 아예 압록강을 건너 중국 땅 통화通化로 도주했다. 이제 아군에게는 압록강과 두만강까지 진격해서 북한군 잔당을 소탕하는 일만이 남아 있었다. 꿈에 그리던 통일이 얼마 안 있어 눈앞에서 현실이 될 것만 같았다.

두 달 전만 해도 이런 날이 올 줄은 꿈에도 생각지 못했을 것이다. 대구와 부산 두 군데만 남기고 국토를 유린

당했던 것이 엊그제 같은데 낙동강 전선에서 반격을 시작한지 41일 만에 국군 제6사단 7연대가 맨 먼저 압록강변에 태극기를 꽂았다. 1950년 10월 26일 오후 2시 15분이었다. 기쁨과 환희에 찬 병사들은 압록강 물을 수통에 담아 이승만 대통령에게 선물로 보냈다.

소식이 알려지자 국민들은 마치 통일이 이루어진 것마냥 환호성을 올렸다. 맥아더 장군은 11월 추수감사절이 오기 전에 전쟁이 끝날 것으로 예상했다.

영광은 짧았다. 엄청난 숫자의 중국 공산당 군대가 압록강을 건너 몰래 북한으로 숨어들어 와 있었던 것이다.

10월 중순부터 압록강을 건너 매복 중이던 중공군의 공격이 시작됐다. 국군 7연대는 퇴로를 차단당했고 이들을 구하러 출동한 2연대도 뒤에서 공격해 오는 중공군에 의해 포위되고 말았다. 제6사단은 연대별로 후퇴를 했고, 병사들도 각자 살길을 찾아 탈출했다. 남쪽으로 퇴각해 평안남도 개천에 모였을 때 병력은 진격 당시의 절반정도만 남아 있었다. 눈앞에 다가왔던 통일이 중공군의 개입으로 물거품이 되는 순간이었다.

12
중공군을 불러들인
편지

1950년 9월 28일 국군과 유엔군이 서울을 탈환하자, 다급해진 김일성은 9월 29일 소련의 스탈린에게 소련 군대의 지원을 요청하는 편지를 보냈다. 이틀 뒤인 10월 1일에는 중국(중공) 마오쩌둥에게 중공군의 지원을 요청하는 편지를 썼다. 이날은 국군이 38선을 넘어 북진을 개시한 날이었다.

김일성과 박헌영 공동 명의로 스탈린과 마오쩌둥에게 쓴 편지의 핵심 내용은 다음과 같다.

(…) 그러므로 우리는 당신의 특별한 원조를 요구하지

1950년 10월 1일 김일성과 박헌영이 마오쩌둥에게 중공군의 지원을 긴급히 요청한 편지의 끝 부분. 김일성과 박헌영의 서명이 또렷하게 보인다. 이 편지의 사본은 중국 단둥(丹東)에 있는 항미원조기념관(抗美援朝紀念館)에 전시되어 있다.

않을 수 없게 됩니다. 즉 적군이 38도선 이북을 침공할 때에는 쏘련(소련) 군대의 직접적 출동이 절대로 필요하게 됩니다. (…) (9월 29일, 스탈린에게)

(…) 그러므로 우리는 당신의 특별한 원조를 요구하지 않을 수 없게 됩니다. 즉 적군이 38도선 이북을 침공하게 될 때에는 약속한 바와 갓치(같이) 중국 인민군의 직접 출동이 절대로 필요하게 됩니다. (…) (10월 1일, 마오쩌둥에게)

두 편지의 핵심적인 차이 하나는, 마오쩌둥에게 쓴 편지에는 "약속한 바와 갓치(같이)"라는 구절이 들어가 있다는 것이다. 이미 김일성과 마오쩌둥 사이에 중공군 지원 약속이 있었음을 뜻한다. 김일성은 1950년 초에 소련 모스크바로 스탈린을 찾아가 남침 허락을 받았다. 이어 김일성은 스탈린이 지시한 대로 중공의 마오쩌둥을 찾아간다. 이 자리에서 마오쩌둥은 만일 미군이 전쟁에 개입하면 북한을 지원하겠다고 약속했던 것이다.

그러므로 이 편지들은 6·25전쟁이 사전에 치밀하게

기획된 침략전쟁이었음을 스스로 폭로하는 중요한 자료이자, 6·25전쟁이 김일성이 소련과 중공이라는 외세를 한반도에 끌어들여 동족을 친 민족반역적 전쟁이었음을 보여 준다.[13] 6·25전쟁을 스탈린, 마오쩌둥, 김일성의 합작품이라고 부르는 까닭이 여기에 있다.

　중공 마오쩌둥보다 며칠 일찍 편지를 받은 소련 스탈린은 미국과의 정면 대결을 두려워했기 때문에 직접 6·25전쟁에 개입할 의사가 없었다. 대신 스탈린은 중공에 편지를 보내 중공군의 북한 급파를 촉구했다.

　북한의 김일성으로부터 구원 요청을 받은 데다 소련으로부터 6·25전쟁에 개입하라고 재촉을 받은 마오쩌둥은, 소련 공군이 중공군을 지원하겠다는 약속을 얻어낸 뒤 10월 13일에야 중공군의 북한 파병을 최종 결정했다.[14] 6·25전쟁에 개입하기를 주저하는 중국공산당 지도부를 설득할 때 마오쩌둥은 "입술이 없어지면 이가 시리

13　서옥식, 『북한교과서 대해부: 역사와 정치사상교육을 중심으로』 (해맞이미디어, 2015), 369쪽.

14　빌 길버트, 류광현 옮김, 『기적의 배』 (비봉출판사, 2015), 67쪽.

다(순망치한脣亡齒寒)"는 비유를 내세웠는데, 이처럼 한반도를 입술이나 팔뚝과 같은 신체 일부에 비유하는 것은 한국을 중국의 일부로 간주하는 오랜 중화사상에서 비롯한 것이었다.[15]

---

15 이영훈, 『대한민국 역사: 나라만들기 발자취 1945~1987』 (기파랑, 2013), 198쪽.

압록강을 건너 북한 땅으로 진입하는 중공군.

13
중공군과 소련 공군의
개입

사실 미국도 중공군이 6·25전쟁에 개입할지를 주시하고 있었다. 중공군이 개입할 경우 한국에서의 국지전이 제3차 세계대전으로 확대될 가능성을 우려한 트루먼 대통령은 10월 15일 태평양의 웨이크섬에서 맥아더 장군과 이 문제를 논의했다.

트루먼 자서전에 따르면, 이 회담에서 맥아더 장군은 중공의 개입은 없을 것이라고 말했다. 중공이 공산 정권을 선언한 지 얼마 되지도 않은 상황에서 군사력을 북한으로 돌려 댈 만한 여유가 없다고 보았기 때문이다. 이를 두고 흔히들 맥아더 장군이 정세를 오판했다고 비난한다. 하지만 이 비판은 그리 온당치 못하다. 왜냐하면 미국 중앙정보국CIA 역시 중공군 개입을 전혀 예측하지 못했고 중공군 개입의 개연성은 없다고 결론을 내렸기 때문이다.[16]

당시 중공군은 6·25전쟁에 대대적으로 개입할 준비를 이미 마친 상태였다. 그럼에도 북한에 파견할 군대를 새로 모집하는가 하면, 병사들이 북한을 돕기 위해 스스로 지원한 것처럼 보이게 하기 위해 군대의 명칭을 '인민지원군人民志願軍'이라고 지었다.

중공군은 10월 19일부터 한반도로 들어오기 시작했다. 1차로 26만여 명의 중공군이 압록강을 건너 북한으로 들어온 이날은 국군이 평양에 입성한 날이었다. 북한 땅으로 은밀히 들어온 중공군은 대규모 매복 작전을 준비하고 있었다. 국군과 미군이 북한 깊숙이 들어오기를 기다리던 중공군은 10월 25일 일제히 공격을 개시했다.

11월 25일 중공군의 제2차 공세가 시작되면서 모든

---

16 빌 길버트, 류광현 옮김, 앞의 책, 67-69쪽.

전선에서 아군이 중공군에 밀리기 시작했다. 수십만 명의 중공군 대부대의 갑작스런 공세에 아군은 11월 말부터 전선에서 후퇴하기 시작했다. 인천상륙작전을 성공시키면서 전세를 역전시켰으나, 중공군의 침략으로 다시금 전세가 역전되고 만 것이다.

전세는 한 치 앞도 내다볼 수 없게 되었다. 맥아더 장군은 중공군 개입을 "새로운 적, 새로운 군대와의 새로운 전쟁"으로 규정하고, 미군 추가 파병과 중국 본토 폭격 등을 워싱턴에 요구했다. 그러나 싸움이 중공이나 소련과의 전면전으로 확대될 것을 우려한 워싱턴은 이를 수용하지 않았다.[17]

스탈린은 미국과의 정면 대결이 두려워 지상 병력을 파병하지는 않았지만, 비밀리에 2개 항공사단을 중국 동북지방으로 파견했다. 11월 1일부터 소련 공군은 유엔군과 국군을 공격했다. 소련 전투기는 전쟁에 개입한 지 불과 몇 달 만에 총 46대의 유엔 공군기를 격추시켰고 유엔군의 우세한 제공권制空權은 손상을 입었다. 소련군의

---

17 김용삼, 『이승만의 네이션빌딩: 대한민국의 건국은 기적이었다』 (북앤피플, 2014), 385쪽.

개입은 미국과 소련 두 나라에 의해 오랫동안 비밀에 붙여졌다.[18]

---

18 한국현대사학회 현대사교양서팀, 『대한민국을 만들다』 (기파랑, 2012), 135-136쪽; 이영훈, 『대한민국 역사: 나라만들기 발자취 1945~1987』, 198-199쪽.

14
중공군의
인해전술

중공이 한국의 6·25전쟁에 개입한 명분은, "미국에 대항해 조선을 지키는 것이 가정을 보호하고 나라를 지키는 길"이라는 것이었다. 이른바 '항미원조抗美援朝, 보가위국保家爲國'이다.

중국 측이 1990년대 이후에 밝힌 바로는, 1950년 10월 하순부터 1953년 7월 정전협정 체결 때까지 중국은 보병 25개 군단(79개 사단)을 비롯하여 기타 40개 사단 이상(12개 공군사단, 16개 포병사단, 10개 철도·공병사단, 10개 전차연대, 일부 공안부대), 도합 2백수 십만에서 3백만에 이르는 병력이 한국전쟁에서 싸웠다. 병력 투입이 최고조에 이른

병력의 절대우위를 앞세운 중공군의 인해전술은 국공내전 과정에서 투항해
온 장제스의 국민당 병력을 소모시키기 위한 고도의 전술이었다.

사진은 미 해병부대에 투항한 중공군의 모습. 1950년 12월 9일 함경남도
고토리 남쪽에서 찍은 사진이다.

때는 정전회담 막바지인 1953년 4월부터 7월까지로, 일시에 130만 명이 넘는 병력이 한반도에 투입되었다.[19]

유엔군 대 중공군의 전투는 '장비 대 인력의 싸움' 성격으로 진행됐다. 중공군은 화력 부족을 병력으로 때우는 방식의 전투를 벌였다. 중공군은 처음부터 미군에 대해서는 6 대 1, 한국군에 대해서는 3 대 1의 병력 우세를 확보한 후 싸움에 돌입한다는 지침을 가지고 있었다. 때문에 미군이나 한국군은 중공군과 전투를 벌이면 6배, 3배의 대병력을 상대해야 했다.[20] 이른바 인해전술人海戰術이다.

중공군이 한국에서 쓴 인해전술은, 앞선 제2차 국공내전國共內戰 과정에서 투항해 온 장제스蔣介石의 국민당 병력을 소모시키기 위한 고도의 전술이었다. 마오쩌둥은 국공내전 때 200만 명에 달하는 장제스 군대를 항복

19 주지안롱(주젠룽), 서각수 옮김, 『모택동은 왜 한국전쟁에 개입했을까』 (역사넷, 2005), 23-24쪽.

20 정일화, 『아는 것과 다른 맥아더의 한국전쟁』 (미래한국신문, 2007), 244쪽.

군으로 받아들였다. 그러나 이들은 단지 생존을 위해 투항한 것이므로 언제 어느 순간에 또 다시 공산당에게 총부리를 돌릴지 모르는 위험한 존재들이었다. 마오쩌둥은 이들을 한국전에 동원해 인해전술에 사용했다. 유엔군과 국군을 상대로 승리하면 좋고, 승리하지 못해도 이들을 자연스럽게 소모할 수 있는 6·25전쟁 개입은 마오쩌둥에게는 더없이 좋은 기회였다. 6·25 때 중공군 포로신문을 담당한 이정식은 포로가 된 중공군의 90%가 예전 장제스 군대 병사들이었다고 한다.[21]

---

21 이정식, 허동현 엮음, 『21세기에 다시 보는 해방 후사』 (경희대 출판문화원, 2012), 208-209쪽.

15
처절했던
장진호 전투

맥아더는 인천에 상륙하여 서울을 탈환한 에드워드 알먼드Edward Almond 장군이 지휘하는 제10군에게, 서울 지역을 워커의 제8군에 인계하고 제10군은 인천에서 수송선으로 황해~남해~동해를 우회하는 2천km를 항해하여 원산에 상륙하라고 명령했다. 낙동강 전선에서 치고 올라온 제8군에게는, 전선을 정비하여 38선을 넘어 북진하라는 명령을 내린다.

이 명령으로 미군은 백두산~개마고원~묘향산으로 이어지는 험준한 낭림산맥을 가운데 두고 에드워드 알먼드 소장이 이끄는 미10군은 동부군으로, 월턴 워커 중

장진호 전투는 6·25 전쟁 중 가장 처절하고 참혹한 전투였다. 사진은 장진호 전투에서 사망한 국군 병사, 미국 해병, 영국 해병의 시신을 매장하려는 모습이다. 1950년 12월 8일, 함경남도 고토리.

장이 지휘하는 미8군은 서부군으로 병력이 양분된다. 문제는 양 집단군 사이에 80km에 달하는 치명적인 간격이 벌어졌다는 점이다. 한반도는 북쪽으로 갈수록 폭이 넓어지고 도로도 험준한 협로로 변해, 워커의 서부군은 광범하게 분산되고 동부 제10군과의 틈새는 점점 벌어졌다.[22]

오랜 국공내전을 통해 풍부한 실전 경험을 쌓은 중공군은 양 집단군 사이의 빈 공간을 뚫고 비밀리에 침투하여 철수로를 모두 봉쇄하고, 유엔군의 북상을 숨죽이며 지켜보고 있었다. 중공군은 제4야전군 30만 병력으로 서부전선을 공격하고, 제3야전군의 20만 병력으로 동부의 장진호 전선에서 미 제1해병사단과 제10군단(3개 사단), 국군 1군단(2개 사단)의 이동로를 차단하려 했다.

1950년 11월 27일, 중국 제9병단이 장진호 지역에서 알몬드가 이끄는 미국 제10군단을 공격함으로써 혹한 속에서 17일 간의 전투가 벌어졌다. 시베리아 한랭전선의 남하로 기온이 영하 37도까지 떨어진 장진호 일대에

---

22 매듀 B. 리지웨이, 김재관 옮김, 『한국전쟁』(정우사, 1984), 79쪽.

서 3만여 명의 유엔군은 중공군 12만 명에게 포위당했다.

미군은 절망적인 상황에서 제1해병사단의 분전으로 12월 7일 고토리로 모든 병력을 집결시키는 데 성공했다. 이어 진흥리를 통과한 미 제1해병사단은 중공군의 강력한 포위망을 돌파하고 12월 11일 함흥 지역으로 모두 철수하는 데 성공했다.

미 해병대가 철수에 성공할 수 있었던 데는 동쪽에서 중공군의 예봉을 상대한 페이스 특수임무부대의 역할이 컸다. 페이스 특수임무부대가 희생을 치르며 포로가 되는 동안 서쪽의 해병대는 포위망을 뚫고 나오는 데 성공했다. 미 해병대도 4,500명이 전사하고 7,500명이 부상을 당하는 큰 피해를 입었다.

장진호 전투는 후퇴하면서 싸운 전투였지만, 이 전투로 인한 효과는 대단히 컸다. 중공군은 장진호 전투에서 아군의 몇 배나 되는 심대한 타격을 입어 더 이상의 군사작전 수행이 불가능한 상황이 되었다. 중공군 제9병단 지휘부는 부대를 재편성하기 위해 후방으로 철수했다.

16
원조 탈북자를
아시나요?

그 다리는 사람이 건널 수 있는 다리가 아니었다. 폭격으로 허리가 끊기고 난간이 휘어진 대동강철교는 마치 거대한 쇳덩어리 괴물처럼 보였다. 망연자실, 다리를 바라보던 피난민들은 그러나 하나 둘 철교에 매달리기 시작했다. 그것은 곡예였다. 목숨을 걸고 수천의 사람들이 벌이는 극한의 탈출이었다. 다리 밑으로 떨어지는 사람들의 비명 소리는 바람에 날려갔다. 유엔군을 따라 후퇴하던 AP통신의 데스포 기자는 자기도 모르게 카메라를 꺼내 들고 셔터를 눌렀다.

사진은 묻는다. 무엇이 이들로 하여금 목숨을 걸고

파괴된 대동강철교를 타고 남하하는 북한 주민들. (이 사진은 종군기자 맥스 데스포가 찍은 사진으로 1951년 퓰리처상을 수상했다)

다리를 건너게 했을까? 그것은 자유였다. 숨 막히는 공산 치하를 경험한 이들에게 목숨보다 중요한 것은 자유의 공기였다. 동쪽에서 장진호 전투가 벌어지고 있던 12월 4일과 5일 이틀 동안 자유를 찾아 대동강을 건넌 피난민은 5만여 명이었다.

추위로 손이 곱아 남길 수 있었던 사진은 겨우 8장이었다. 이 중 한 장이 나중에 퓰리처상을 받았다.

1950년 11월 말부터 장진호 지역에서 벌어진 전투에서 유엔군은 큰 손실을 입었다. 압도적으로 우세한 병력을 이용한 중공군의 야간 기습 포위 작전 때문이다. 유엔군 최고사령부는 전면적 철수를 결정했고, 이에 따라 미 제10군단은 휘하 장병들에게 흥남 방어선까지 후퇴할 것을 명령했다. 장진호 부근에서 작전 중이던 미 해병 제1사단은 중공군의 포위망을 뚫고 철수를 시작해 12월 7일 자정 무렵 함경남도 장진군 고토리에 도착했다.

이튿날 고토리의 미군 임시 캠프 주변에는 북한 주민들이 구름처럼 모여들었다. 사실 이 일대는 개마고원이라 불리는, 고도 1천m가 넘는 산악지대로, 주민도 많지

1950년 12월 8일, 철수하는 미 해병 제1사단의 장진군 고토리 임시 캠프
주변에 모여든 수천 명의 피난민.

않은 지역이었다. 중공군에 밀려 유엔군이 후퇴한다는 소식이 들려오자 장진호 남단 고토리 주민들뿐 아니라 그 주변 지역 주민들까지 미군 캠프 근처로 무작정 몰려온 것이다. 그들은 자유세계로 가기 위해 죽음을 각오하고 유엔군을 따라 나선 사람들이었다.

유엔군이 고토리에서 퇴각할 때 북한 주민 수천 명도 군대의 행렬을 좇아 피난길에 올랐다. 피난민들은 추위와 굶주림에 시달리며 흥남까지 32km나 되는 눈 덮인 험한 산길을 걸었다. 지뢰를 밟거나 전선戰線으로 잘못 들어가서 죽은 사람들도 많았다. 중공군은 피난민 행렬에 박격포를 퍼붓기도 했다.

피난민의 수는 갈수록 늘어나 흥남으로 가는 길이 피난민들로 메워질 정도였다. 미군 보고서에 따르면, 이는 유엔군이 피난민 모두에게 배편을 제공할 것이라는 소문을 공산군들이 쫙 퍼뜨려 놓았기 때문이었다. 함흥에서 흥남으로 가는 마지막 기차가 떠날 때는 함흥 인구의 절반인 5만여 명이 서로 기차를 타려고 아우성을 쳤다. 흥남시의 공무원들도 직장을 버리고 피난민 대열에 합류하여 흥남시청과 경찰서의 업무는 마비되고 말았다.

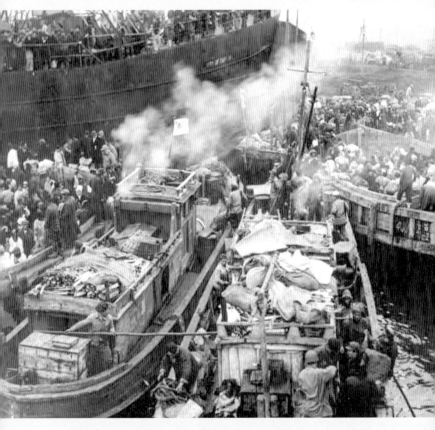

1950년 12월 19일, 흥남 항에 모인 피난민들은 탈 수 있는 배는 모두 타고 떠났다. 맨 뒤쪽에 보이는 것은 대한민국 해군의 상륙정을 가득 메운 피난민들. 앞쪽에 보이는 작은 어선에도 피난민들이 가득 타고 있다.

17
흥남부두의
금순이

미 제10군단은 12월 11일 밤, 마침내 철수를 완료하고 흥남에 집결했다. 장진호 부근에서 포위되어 있다가 영하 40도를 넘나드는 혹한과 폭설 속에 중공군 10개 사단의 포위망을 뚫고, 수천 명의 피난민까지 데리고 128km나 되는 먼 거리를 철수하는 데 성공한 것이다.

국군 제1군단도 미군과 함께 철수하기로 되어 있었다. 중공군 때문에 남쪽 퇴로가 막힌 원산 주둔 미 제3사단도 흥남으로 이동했다. 이렇게 흥남항에 집결한 병력은 약 10만 5천 명이었다.

11월 말부터 유엔군 사령부는 흥남에서 아군을 철수시키는 계획을 수립하고 있었다. 그런데 여기서 피난민 문제가 대두했다. 흥남항에는 공산 치하로부터 탈출하려는 엄청난 숫자의 피난민이 몰려들고 있었기 때문이다.

미군 지휘부가 600만 톤이나 되는 무기와 장비 때문에 피난민 수송이 어렵다며 처음에는 피난민을 구출할 의사가 없었다가 막판에야 피난민 수송을 허락했다는 것이 그동안의 통설이었다. 그러나 당시 미 10군단과 유엔군 사령부 사이의 무선통신 전문, 미 제10군단 사령부의 '지휘보고서' 등을 보면 미군 지휘부는 처음부터 가능한 한 최대한의 피난민을 수송할 방법을 찾기 위해 모든 수단을 강구하고 있었다. 그들은 북한 주민들을 구출해야 한다는 인도주의적 사명감에서 12월 초순부터 북한 민간인 철수 문제의 해법을 고심하고 있었던 것이다.[23]

미 제10군단장 알먼드 소장이 피난민들을 "가능한 한 많이 피난시키겠다"는 방침을 세우기까지는 그의 부참모장 포니 대령과 민간 자문역 현봉학 박사의 공이

---

23 안재철, 『생명의 항해(1)』(월드피스자유연합, 2015), 231-233쪽.

컸다. 두 사람 모두 북한 피난민을 반드시 철수시켜야 한다고 알먼드 장군을 설득한 것이다.[24] 알먼드 장군이 유엔군 사령부를 움직이고 유엔군 사령부가 다시 워싱턴을 움직여, 마침내 북한 피난민 철수가 흥남철수작전에 포함되게 되었다.

유엔군이 민간인까지 함께 피난시키기로 방침을 정함에 따라, 미 해군과 대한민국 해군은 이용 가능한 모든 선박을 끌어 모으기 위해 힘을 합쳤다. 피난민을 철수시키기 위해서 이용가능한 배들을 모두 보내라고 인천항과 부산항에 전통電通을 보냈다.

흥남항은 온갖 종류의 배들로 들어찼다. 100척도 넘는 어마어마한 선단이 흥남철수작전을 수행하기 위해 정박하고 있었다.

12월 12일부터 승선이 시작되었다. 유엔군 당국은 많은 수의 피난민들을 태워 계속해서 남쪽으로 보냈다. 그

---

24 빌 길버트, 류광현 옮김, 『기적의 배』 (비봉출판사, 2015), 98-100쪽.

럼에도 불구하고 흥남항으로 모여든 피난민 행렬은 끝이 없었다. 미 제3사단은 흥남항을 방어하는 전투부대의 임무와 함께, 마치 피난민 지원 대민 업무를 전담하는 부대처럼 피난민 철수 지원에 온 힘을 기울였다.[25]

철수가 진행되는 동안에도 중공군의 공격은 더욱 거세어졌다. 동북쪽에선 북한군 제3사단과 제1사단이 내려오고 있었다. 흥남항 서쪽의 중공군은 북한군과 함께 간헐적으로 유엔군의 흥남 교두보 공격을 시도했다.

피난민이 승선하는 동안 미군 항공모함, 순양함, 구축함 들은 공산군이 근접해 오지 못하도록 끊임없이 엄호 공격을 했고, 전폭기들도 계속 적진을 폭격했다. 흥남 철수작전에 투입된 항공모함은 인천상륙작전에 투입된 항공모함보다 두 척이 더 많은 7척이었다. 공산군의 산발적인 공격으로 인해 흥남항을 방어하던 미군 병사 여러 명이 전사했다.[26]

피난민 구출 작전은 혹한과 풍랑 속에서 진행되었다. 피난민들은 추위와 배고픔을 견디며 자신들을 구출해

---

25 안재철, 앞의 책, 244쪽.
26 위의 책, 244, 251쪽.

줄 배를 타기 위해 오랜 시간 줄 지어 서있었다. 누구도 자신들을 빨리 구출해 주지 않는다고 항의하거나 소란을 피우지 않았다. 피난민들은 유엔군을 믿고 끈기와 인내심을 가지고 기다리고 있었다.[27]

알먼드 소장은 12월 22일 유엔군 사령부로 보낸 전문에서 "인도주의적인 이유로 수많은 사람들을 대한민국으로 철수시켰고 더 많은 사람들을 철수시킬 계획입니다"라고 보고했다.[28]

12월 11일 이후 흥남항에서만 8만 6천 명 이상의 북한 피난민이 구출되었다. 인근 원산항과 성진항에서 구출된 피난민을 합치면 12월 9일부터 24일까지 한반도 북동부에서 구출된 북한 주민은 약 9만 8,100명이었다. 아군의 철수도 성공리에 이루어져, 국군과 유엔군 10만 5천 명, 35만 톤의 군수물자, 1만 7,500대의 차량이 안전하게 철수를 마쳤다.

---

27 위의 책, 247쪽.

28 유엔군 사령부로 보낸 미 10군단장 Edward Almond소장의 전신 메시지 X-15345, 1950.12.22. 안재철, 『생명의 항해』, 월드피스자유연합, 2015, 1권, pp.328-329.

흥남부두에는 미처 싣지 못한 탄약, 유류 등 군사 장비가 산더미같이 쌓여 있었다. 모든 군인과 피난민이 떠난 후 유엔군은 흥남항에 남아 있는 탄약과 차량 등 560만 톤에 이르는 엄청난 군사 장비가 적의 수중에 들어가지 못하도록 폭파한 후 해상으로 철수했다.

흥남철수작전은 12월 24일 오후 2시 완료되었다.

당시 흥남부두 피난민들의 절박했던 사정은 휴전 후 가요 〈굳세어라 금순아〉에 담겨 실향민들의 심금을 울렸다.

이 작전은 국군과 유엔군 10만 5천 명을 철수시키고 함경도에서 모여든 10만 명 가까운 피난민을 무사히 구출한 성공적인 작전이었다. 적군의 공격을 받는 상황에서 철수 병력과 맞먹는 숫자의 민간인을 구출했다는 사실은 작전의 차원에서든 도덕의 차원에서든 높은 평가를 받아야 한다.[29] 역사상 격렬한 전투 중에 군인들이 적진으로부터 그토록 많은 민간인을 구출한 예는 다시 없었다.

---

29 복거일, 『리지웨이, 대한민국을 구한 지휘관』 (백년동안, 2014), 75쪽.

18
크리스마스의
기적

흥남철수작전에서 마지막으로 북한 피난민을 싣고
나온 배는 민간 화물선 메러디스 빅토리Meredith Victory호
였다. 미군 대령이 이 배의 선장 레너드 라루Leonard LaRue
에게 피난민을 태우고 부산까지 갈 수 있겠느냐고 물었
을 때 이 화물선에 더 태울 수 있는 정원 여유는 열두 명
뿐이었다. 하지만 선장은 주저하지 않고 "가능한 한 많
이 태우고 가겠다"고 답했다.

12월 22일 밤 9시 30분부터 시작된 승선은 밤새도록
계속되어 이튿날 낮 11시 10분이 되어서야 끝났다. 선원
들은 공간이란 공간에는 모두 피난민들을 밀어 넣었다.

메러디스 빅토리 호 갑판 위를 발 디딜 틈도 없이 가득 메운 피난민들. 이들은 이 배에 탄 1만 4천 명의 피난민 가운데 일부에 불과하다.

화물 선창을 층층이 피난민으로 채운 뒤에는 갑판을 채우고, 나중엔 창고와 보트 계류장까지 채웠다. 장장 13시간 40분에 걸쳐 메러디스 빅토리 호에 오른 피난민의 숫자는 무려 1만 4천 명이나 되었다. 사람들이 콩나물시루처럼 빼곡히 갑판에 들어차 있어 선원들이 돌아다닐 수조차 없었고, 늦게 승선한 사람들은 항해 내내 서 있어야 했다.

12월 23일 오후 흥남항을 출발한 메러디스 빅토리 호의 목적지는 부산이었다. 항해는 쉽지 않았다. 배에는 의사도 통역관도 없었고, 음식은 턱없이 부족했다. 항로에는 적군이 설치한 4천 개 넘는 기뢰가 널려 있었다. 근해에 잠복해 있을 적의 잠수함도 언제 어뢰 공격을 해 올지 모르는 가운데, 배의 창고에는 미처 하역하지 못한 항공유가 잔뜩 실려 있어 작은 불씨 하나만 있어도 배가 송두리째 불구덩이로 변할 수도 있었다.

눈앞에 닥친 가장 큰 걱정거리는 추위였다. 살을 에는 추위 속에서 갑판에서 벌벌 떠는 승객들이 밤새 얼어 죽을지도 모른다는 걱정으로 선장은 잠을 이루지 못했다.

놀랍게도 항해 중 인명 피해는 단 한 명도 없었다. 오히려 승선 당시보다 승객이 다섯 명이나 늘었다. 항해 도중 아기들이 태어났기 때문이다. 선원들은 한국의 대표적 음식인 '김치'로 아기들의 임시 이름을 지어 주었다. 첫 번째 아기는 '김치 1', 두 번째 아기는 '김치 2' 하는 식이었다.

메러디스 빅토리 호는 크리스마스 이브인 12월 24일 낮에 부산항에 도착했다. 하지만 부산은 이미 백만 명이 넘는 피난민들로 북적이고 있어 더는 사람들을 수용할 공간이 없다는 이유로 하선이 거부되었다. 선장은 우선 미군 보급창에서 먹을 것을 얻어다가 피난민들이 저녁 식사를 할 수 있도록 했다.

다음날 다시 항해를 시작한 빅토리 호는 몇 시간 후에 거제도에 도착해 승객들을 무사히 하선시켰다.

피난민들이 모두 배를 떠난 날 밤, 라루 선장은 일기장에 다음과 같이 썼다.

항해 중 5명 탄생, 사망자 없음. 14,005명 무사히 상륙
시킴.[30]

메러디스 빅토리 호가 전쟁터라는 열악한 조건에서
피난민 1만 4천 명을 구출한 것은 지고至高한 인도주의
의 발현이었다. 1958년 이승만 대통령은 메러디스 빅
토리 호 선원들의 공로를 인정하여 표창장을 수여했다.
1960년 미국 정부도 선장에게 훈장을, 선원 모두에게 표
창장을 수여했다. 2004년에는 '한 척의 배로 가장 많은
생명을 구출한 세계 기록'으로 기네스북에 등재되었다.
이 이야기는 〈생명의 항해〉(2010)라는 뮤지컬로, 그리고
같은 제목의 책(2015)으로도 만들어졌다.

---

30 안재철, 『생명의 항해(2)』(월드피스자유연합, 2015), 496쪽.

수도자로 생을 마친 메러디스 빅토리 호 선장 레너드 라루(1914~2001)

19
수도자가 된
선장

메러디스 빅토리 호의 사무장이었던 에드워드 러니는 "1만 4천 명의 피난민 구출에 성공할 수 있었던 것은 모두 선장의 신념과 동기가 분명했기 때문"이라고 한다. 레너드 라루 선장이 "강철 같은 의지를 지닌 책임감 강한 지휘관"이었다는 것이다.

그 강철 같은 의지의 사나이는 흥남철수작전 4년 후, 선장을 그만두고 수도자의 길로 들어섰다. 자신의 고향과 가까운 미국 뉴저지주의 한 수도원으로 들어가 매리너스Marinus라는 이름의 수사가 된 것이다.

매리너스는 수도자가 되고 나서 한참이 지나서야 자신이 종교에 귀의하기로 결심한 계기를 다음과 같이 고백했다.

저는 가끔 그 항해에 대해서 생각합니다. 지금 생각해도 그 많은 사람들을 어떻게 그 작은 배에 모두 태웠는지, 그리고 어떻게 한 사람도 잃지 않고 그 끝없는 위험을 헤쳐 나갈 수 있었는지 알 수가 없습니다. 아무리 생각해도 그해 크리스마스 한국 해안의 황량하고 차가운 바다 위에서 하느님의 손길이 우리 배의 키를 잡고 계셨다는 명확하고 틀림없는 메시지가 제게 옵니다.

매리너스와 한국의 인연은 그것으로 끝이 아니었다. 2001년, 매리너스가 50년 가까이 몸담고 있던 수도원이 수도자가 줄어드는 바람에 폐원할 위기에 놓였다. 이때 경상북도 왜관에 있는 왜관수도원이 매리너스의 수도원을 인수하여 부흥시키기로 결정했다. 왜관수도원은 1949년에 북한 공산주의의 박해를 피해 함경남도 원산에서 월남한 수도사들이 만든 수도원이었다.

인수서에 서명이 이루어지고 이틀 후, 오랫동안 투병 중이던 매리너스 수사는 눈을 감았다.

1951년 1월 4일, 또 다시 빼앗긴 수도를 뒤로 한 피난민들의 행렬. 멀리서 중공군이 퍼붓는 포탄 소리가 들리는 듯 하다.

20
텅 빈 서울,
1·4후퇴

인구 140만의 한반도 최대 도시 서울이 텅 비었다. 남은 것은 거동이 불편한 노인들과 환자와 그 가족들뿐이었다. 이들의 안타까운 눈길을 뒤로 한 채 피난민들은 남으로 남으로 추위를 뚫고 걸었다. 길은 얼고 아이들은 넘어졌다. 등짐을 진 아버지들은 허연 콧김을 내뿜으며 묵묵히 걸었다. 부모를 잃어버린 아이들이 길을 막고 울었다. 눈길을 주는 사람은 없었다. 혹독했던 그해 1월의 칼바람에 타인의 고통이 끼어들 여지는 없었다.

중공군의 개입으로 국군과 유엔군은 1950년 12월 말

서부전선에서는 임진강 선까지 밀리고 동부전선에서는 12월 24일 흥남 철수를 하는 상황까지 맞게 된다.

1951년 1월, 중공군의 주공主攻 방향은 서울이었다. 중공군은 철원과 연천에서 4개 군단을 앞세워 압박해 들어왔고, 국군과 유엔군은 서울 북방에 방어선을 구축했지만 기울기 시작한 전세를 뒤집을 수는 없었다. 서울이 중공군의 포격 사정권에 들어가고 동부전선과 서부전선이 쪼개질 우려가 있다는 판단에서 리지웨이 장군은 1월 3일 서울 포기 명령을 내린다.

다음날 서울은 중공군에게 함락된다. 피난길에 나선 사람들은 서울지역에서만 120만, 전국적으로는 764만이었다. 1·4후퇴다.

21
스탈린이 지연시킨 휴전회담,
그리고 정전협정

전선이 교착 상태에 빠져들고 휴전 협상이 진행 중이던 1952년 8월 20일, 김일성은 중공의 저우언라이(주은래)를 통해 스탈린에게 빨리 휴전할 것을 요청했다. 전쟁에 지친 중국 지도부가 휴전 제안에 좀 더 호의적이었다.

그러나 1995년 공개된 스탈린과 저우언라이의 비밀 회담 기록에 따르면, 1952년 8월과 9월 저우언라이와 회담을 할 때 늙고 병든 스탈린은 북한의 요청을 거절하고 미국과 끝까지 싸울 것을 지시했다. 저우언라이는 "북한은 전쟁을 계속하는 것은 이롭지 못하다고 믿고 있다"며 "(북한은) 송환되는 포로보다 더 많은 인적 손실을 입고 있

RECORD OF CONVERSATION
BETWEEN COMRADE
I.V. STALIN AND ZHOU ENLAI

20 August 1952

Present:

On the Soviet side
comrs. Molotov, Vyshinskii,
Fedorenko.

On the Chinese side comrs.
[Vice Premier] Chen Yun, Li Fuchun,
[PRC Ambassador to the USSR] Zhang
Wentian, [Deputy chief of staff] Su Yu

Zhou Enlai informs that Mao Zedong, having analyzed the current situation regarding this matter, believes that one should stand firmly committed on the return of all POWs. The [North] Koreans believe that the continuation of the war is not advantageous because the daily losses are greater than the number of POWs whose return is being discussed. But ending the war would not be advantageous to the USA. Mao Zedong believes that the continuation of the war is advantageous to us, since it detracts USA from preparing for a new world war.

Stalin. Mao Zedong is right. This war is getting on America's nerves. The North Koreans have lost nothing, except for casualties that they suffered during the war. Americans understand that this war is not advantageous and they will have to end it, especially after it becomes clear that our troops will remain in China. Endurance and patience is needed here. Of course, one needs to understand Korea - they have suffered many casualties. But they need to be explained that this is an important matter. They need patience and lots of endurance. The war in Korea has shown America's weakness. The armies of 24 countries cannot continue the war in Korea for long, since they have not achieved their goals and cannot count on success in this matter. Koreans need our help and support.

Asks about the bread situation in Korea. Says that we can help them.

Zhou Enlai says that Korea is having difficulties in this regard. The Chinese government knows that USSR has helped Korea. Says that they have also helped Korea and have told Kim Il Sung that this is not an obstacle, that they will give them foodstuffs and clothing and everything they ask for, but that they cannot give weapons.

Stalin says that we can give Korea additional weapons. We will begrudge nothing to Korea.

Transcribed by

A.Vyshinskii [signature]
N.Fedorenko [signature]

[*Source: APRF, f. 45, op. 1, d. 329, ll. 54-72; translation by Danny Rozas.*]

스탈린과 저우언라이의 1952년 8월 20일 회담록 중. 스탈린의 휴전반대, 전쟁 계속 명령 부분이다.

다"고 말했다. 그러나 스탈린은 "북한은 전쟁으로 인해 사상자casualties 외에는 잃은 것이 없다. 인내를 가지고 지속할 필요가 있다"고 대답했다. 그리고 "만약 한국전에서 미국이 승리한다면 중국도 결코 대만을 되찾을 수 없을 것"이라며, 휴전에 응하는 것을 미국에 대한 굴복이라고 간주해 반대의 뜻을 명확히 했다.[31]

스탈린이 김일성의 간청을 거절한 것은, 미국이 한반도에 묶여 있어야 당시 소련의 군사 점령 아래서 민중들의 불만이 고조되어 가던 동유럽에서 군사행동을 고려하기 쉽지 않을 것이라 판단했기 때문이다. 또 미국은 참전으로 인해 경제적 자원이 고갈되고, 미국이 유럽에 더 신경을 써 줄 것을 바라는 영국과 프랑스 등 주요 동맹국들과 사이에 균열이 생기기 시작한 것도 소련에 유리하다고 보았다.

---

31 스탈린과 주은래의 회담록, 20 August 1952, 3 September 1952, and 19 September 1952, AVPRF, Fond 45, Opis 1, Delo 329, Listy 54-72, 75-87, and Delo 343, Listy 97-103.
Danny Rozas와 K. Weathersby의 영문번역 전문은 Cold War International History Project Bulletin vol. 6-7(Winter 1995/1996), pp. 5-20.
또는 "https://www.wilsoncenter.org/sites/default/files/ CWIHPBulletin6-7_p1.pdf pp. 5-20 참조. 특히 pp. 12-14

결국 6·25전쟁의 휴전 협상은 이를 완강히 가로막던 스탈린이 1953년 3월 5일 갑작스럽게 사망한 뒤에야 급물살을 탈 수 있었다. 스탈린 사후 권력을 장악한 소련의 집단지도체제는 스탈린의 사망으로 동유럽에서 소련제국의 유지 여부, 그리고 심지어 국내에서도 권력을 유지하지 못할까 봐 전전긍긍했다.

소련 지도부는 즉시 한국에서 전쟁을 종결짓기로 결정했다. 스탈린 사후 2주 만에 모스크바는 마오쩌둥과 김일성에게 서한을 보냈는데, 그 요지는 김일성, 펑더화이(彭德懷), 중공 정부, 그리고 유엔의 소련 대표가 휴전 합의에 도달하기 위해 중요 쟁점을 기꺼이 해결할 용의가 있다는 것이었다.

결국 1953년 7월 27일 정전협정이 맺어져 현재의 휴전선이 군사분계선이 되었다.

22
휴전선, 해상분계선,
북방한계선NLL

　　정전협정에서는 '공산군 측의 전쟁 이전 상태 회복 (38선 복귀)' 주장과 유엔군 측의 '교전선에 따른 분할' 주장 중 유엔 측 안이 채택되었다. 당초 공산군 측은 자신들이 두 번이나 무시했던 38선으로의 복귀를 주장했으나, 이 문제로 몇 달간 대립한 끝에 1951년 10월 교전선에 따른 정전 쪽으로 돌아섰다.

　　공산군과 유엔군 양측은 1951년 12월 임진강 하구~판문점 비무장지대 동쪽 끝~한탄강~김화~금성~북한강~송정 거벌리~사태리~가칠봉~월비산 남동방~동해안의 남강 하구를 잇는 선으로 육상의 군사분계선과, 해상

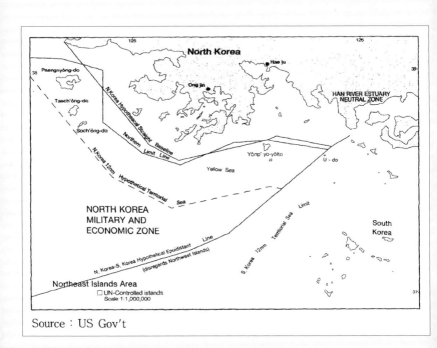

Source : US Gov't

휴전 당시 북방한계선이 표시된 유엔군 측 지도자료.

의 북방한계선NLL 및 남방한계선SLL의 좌표점에 합의했다. 그 뒤 정전협정에서 육상 군사분계선은 이 선과 큰 차이가 없이 확정 되었다. 북한은 서부전선에서 38선 남쪽으로 2,201km²를, 대한민국은 동부전선에서 38선 북쪽으로 6,086km²를 각각 차지했다.

최종 육상 군사분계선은 1953년 6월 17일 휴전회담 본회의에서 합의되었다. 정전협정 제1조는 한 개의 군사분계선을 확정하고 양측이 이 선으로부터 각기 2km씩 후퇴하여 비무장지대DMZ를 설정하고 이를 완충지대로 삼는다고 규정했다. 그리고 협정에 첨부된 지도에 육상 군사분계선이 명기되었다.

해상 군사분계선은 지도상 명확한 표시와는 다른 방식으로 그어졌다. 유엔군은 공군력과 해군력의 압도적 우위를 바탕으로 서쪽 해상에서는 청천강 하구 인근의 도서와 동쪽으로 함경남도 해상까지 장악했으나, 공산군 측의 전전戰前 상태 회복 요구를 받아들여 38도선 이북의 바다와 도서를 넘겨주었으며, 새로 획정된 육상 군사분계선과 맞닿은 38선 이남의 바다와 도서 일부도 양보했다.

문제가 되는 것은 서해 5도(백령도, 대청도, 소청도, 연평도, 우도)와 같이 옹진반도에 가까운 38도선 이남의 섬들이었다. 이미 공산군 측은 1952년 3월에 서해 5도를 유엔군이 계속 보유하는 것에 동의한 바 있는데, 정전협정에서도 서해 5도의 도서군을 유엔군의 통제 하에 남겨 두는 대신 서해 5도와 38선 이남의 황해도 해안 사이에 있는 나머지 섬들은 공산군 측의 통제 아래 두는 것으로 합의했다(정전협정 제2조 13항 ㄴ목).

해상 북방한계선은 정전협정의 이 도서 분할 원칙에 근거해서 그어졌다. 따라서 NLL이 공산군 측과의 협의 없이 정전 후 유엔군 측이 일방적으로 그은 선이라는 근래의 북한 측 주장은 성립할 수 없다.

23
한 편의 영화 같은
반공 포로 석방

1951년 7월부터 시작해 2년여를 끌며 지루하게 이어지고 있던 휴전협상이 급물살을 탄 것은 한편으로 스탈린의 죽음과, 다른 한편 미국 아이젠하워Dwight Eisenhower 대통령의 등장 때문이었다.

스탈린은 겉으로는 휴전협상에 찬성하는 척했지만 속으로는 전쟁이 오래 지속되기를 바라고 있었다. 중공의 힘을 빼고 미군을 한반도에 잡아두는 것만큼 그에게 매력적인 상황은 없었다. 반면 6·25전쟁을 빨리, 그리고 명예롭게 종결시키겠다는 공약을 내걸고 대통령에 당선된 아이젠하워는 군사적인 문제가 아니라 정치적 해결

1953년 6월 18일, 석방되는 반공포로들이 이승만 대통령의 사진을 앞세우고 행진하고 있다.

에 무게를 두고 휴전협상을 밀고 나갔다. 한국의 입장은 끼어들 여지가 없었다.

이승만 대통령은 아이젠하워 대통령에게 "만일 중공군이 압록강 이남에 남아 있는 상태에서 휴전한다면 우리는 국군을 유엔군에서 빼내어 단독으로 싸울 것"이라는 최후통첩을 보냈다. 아이젠하워 대통령은 클라크Mark Wayne Clark 유엔군사령관을 보내 이승만 대통령을 설득했고, 이승만 대통령은 휴전 수락 조건으로 몇 가지를 내세웠다. 한·미상호방위조약 체결, 소련의 침략 시 미국의 즉각적인 지원, 한반도에 평화가 정착될 때까지 미 해군과 공군의 지원 계속과 국군의 증강 등이 그것이었다. 미국은 무엇보다 휴전이 성립되기 전에는 한·미상호방위조약을 체결할 수 없다고 딱 잘라 거절한다. 이승만 대통령과 워싱턴의 시각이 좁혀질 가능성은 없었다.

휴전 협상의 가장 큰 난제는 포로 송환 문제였다. 유엔군은 포로 각자의 의지에 따른 '자유송환'을 내세운 반면, 공산군 측은 의지를 무시한 무조건적 '강제송환'을 주장했다. 유엔군의 조사 결과 17만 명의 공산 포로 중

10만 명이 자유송환을 원하고 있었다. 이 사실을 알고 있던 공산군 측은 결코 자유송환을 받아들일 수 없었던 것이다.

한쪽에서는 휴전협상을 하네 마네 실랑이가 벌어지고 다른 한쪽에서는 방법론을 놓고 충돌하는 동안, 전대미문의 사건이 벌어진다. 1953년 6월 18일, 이승만 대통령이 덜컥 반공 포로를 석방해 버린 것이다. 포로 송환을 놓고 협상 중인데 그 포로들을 석방해 버린, 이전 역사에도 없었고 이후에도 없을 이 사건에 전 세계는 경악한다.

이승만 대통령은 누구에게도 부담을 주지 않기 위해 육군참모총장과 국방장관에게도 이 '작전'을 비밀로 했다. 그리고 "이것은 전적으로 대통령인 내 명령에 의한 것이며 모든 책임은 나에게 있다"고 선언했다.

반공 포로 석방 다음날, 극도로 분노한 아이젠하워 대통령은 미국 대사를 통해 이승만 대통령에게 편지를 전달한다. 이승만 대통령의 협조를 기대할 수 없다면 미국은 한국과의 관계를 재검토하지 않을 수 없다는 내용이었다. 편지를 읽은 이승만 대통령은 이렇게 말했다.

"미국과 우리나라가 각자 다른 길을 갈 수밖에 없다면, 우리 모든 분야에서 친구로서 헤어집시다."

결국 미국은 7월 12일 한·미상호방위조약 체결을 약속하게 된다. 반공 포로 석방이라는 벼랑 끝 전술로 대한민국은 미래의 보장책인 한·미상호방위조약을 얻어냈다. 이승만 대통령은 "이것이 앞으로 우리 민족을 편하고 잘 살게 해 줄 것"이라는 예언 같은 말을 남겼다.

그러나 모든 일에는 명암이 있다. 북쪽에 잡혀 있던 국군 포로는 한 사람도 남으로 돌아올 수 없었다.

역사는 항상 우리에게 무엇이 최선이었는가를 묻는다. 국가의 생존을 위해서라면 무슨 일이든 망설이지 않았던 이승만 대통령이 답을 내는 데는 긴 시간이 필요하지 않았을 것이다.

덜레스 미 국무장관과 변영태 외무장관은 1953년 10월 1일 워싱턴에서
한·미상호방위조약 문서에 정식으로 서명했다.

24
'새우와 고래의 동맹'
한·미상호방위조약

1953년 7월 12일 이승만 대통령은 미 국무부 로버트슨 차관보와 공동성명을 발표했다.

① 정전협정 체결 이전이 아니라 이후 한·미상호방위조약 체결

② 장기 경제 원조 보장 및 제1차분 2억 달러 원조 제공, 그리고 정전협정 체결 즉시 약 950만 달러에 해당하는 식량 지원

③ 정전협정 체결 이후 개최되는 정치회의에서 90일이 경과해도 실질적인 성과가 없을 경우, 한·미 양국은

정치회의에서 철수하고 나라의 통일을 위한 미래의
행동에 관해 논의

④ 한국군 육군 병력을 20개 사단으로 증강시키며, 해
군과 공군도 적정한 수준으로 증대

⑤ 정치회의 개최에 앞서 한·미 양국의 공동 목표에 관
한 제반 사항을 다룰 고위급회의 개최

이 성명이 나오기까지의 과정은 지난했다.

1953년 3월, 휴전회담이 다시 열린다. 이때부터 이승
만은 북진통일의 기회가 무산된다고 하여 휴전에 반대
했다. 그는 정전회담에서 한국군 대표를 철수시켰다. 그
리고 정전이 이루어지면 국군의 작전권을 회수해서 단
독으로 국군을 북진시키겠다고 위협했다. 휴전에 반대
하는 시위대가 미 대사관에 난입하는 일도 있었다.

하지만 이승만의 진짜 속내는 '안전보장 없는 휴전'
을 반대하는 것이었다. 휴전 후 미군이 철수하면 한국은
또다시 소련과 중공의 후원을 받는 북한의 침략 위험 아
래 놓이게 될 것이기 때문이었다. 이승만은 미국에 상호
방위조약 체결을 요구했다.

5월 초, 주한 미국 대사 브릭스Ellis O. Briggs는 이승만의 상호방위조약 요구에 반대할 여지가 없다고 본국에 보고했다. 미 군부에서도 정전협정 체결 후의 군사·경제적 보장이 필요하다는 논의가 나왔다. 아이젠하워 행정부는 정전협정 체결을 방해하는 이승만 정부 대신 군정을 실시하는 '상비Everready 작전계획'까지 세웠으나, 결국 상호안보동맹mutual security pact 체결 쪽으로 선회했다. 이승만은 6월 18일 반공 포로 석방이라는 초강수까지 구사하면서 미국을 압박했다.

로버트슨 차관보는 6월 24일부터 7월 12일까지 19일 동안이나 한국에 체류하면서 이승만 대통령을 매일 만났다. 결국 이 대통령과 로버트슨은 미국 측의 '상호방위조약 체결에 대한 확약'과 한국 측의 '정전협정 지지'를 담은 공동선언을 발표했다.

7월 27일 정전협정이 체결된 후 덜레스John Foster Dulles 국무장관이 내한해서 8월 8일 한·미상호방위조약이 가假조인되었다. 덜레스는 이승만에게 "이 조약은 당신과 당신의 나라에 대한 마땅한 존경의 표시다. 이 조약은 여기서 죽은 우리 청년들의 피로 봉인되었다"고 치하했다.

한·미상호방위조약은 세계사적으로 유례가 드문, '새우와 고래' 간의 동맹조약이었다. 조약에는 북대서양조약과 달리 한국 피침 시 미국이 즉각 자동 개입한다는 조항이 없으나, 미군의 한국 주둔을 명기함으로써 한국 주둔 미군의 자동 참전을 사실상 보장했다. 이승만 대통령은 8월 9일 대국민담화에서 이 조약으로 "우리의 후손은 앞으로 누대에 걸쳐 많은 혜택을 누릴 것"이라 말했는데, 이후의 역사는 그의 말대로 되었다.

25
자유의 보루
대한민국

　대한민국은 외로운 섬이었다. 유라시아대륙의 절반 이상이 온통 붉은 가운데 아슬아슬하게 대륙 끝에 매달려 있는 절망적인 고립이었다.

　그러나 발상을 바꾸면 지도가 달리 보인다. 고립이 아니라 자유의 최전선이었다. 더 이상은 후퇴할 수 없는 자유의 보루였다.

　이승만은 1947년, 소련 공산주의자들에 대해 강경 대응 노선을 밝힌 '트루먼 독트린'이 발표된 직후 트루먼 대통령에게 서한을 보냈다. 당시 한반도 남쪽의 미 군정

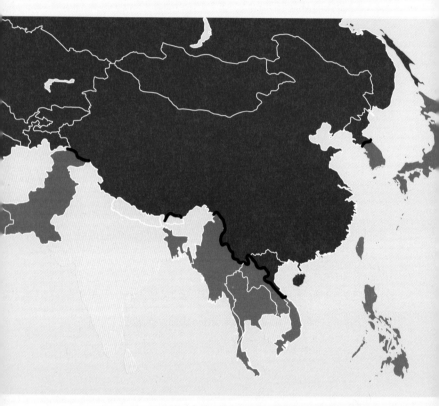

1950년 세계 공산화 현황 지도. 소련이라는 새로운 제국의 탄생으로 동유럽과 아시아가 죄다 전체주의라는 역사의 어둠에 뒤덮인 가운데 반도 끝 대한민국이 위태롭게 매달려 있다.

에 민족주의자들과 공산주의자들의 협력을 종용하는 노력을 포기해 줄 것을 바라는 것과, 미군 점령 지역에 과도적 독립정부를 수립하는 것이 공산주의의 진격을 저지하는 보루가 될 것이며 이것이 결국 남북통일을 가져올 것이라는 내용이었다.

1949년 8월 15일 정부 수립 1주년 기념사에서 이승만은 이를 더욱 명확히 했다.

우리 한국이 대륙 끝에 있는 조그만 점에 지나지 않으나 서양 각국의 소위 냉전에 아무 경중輕重이 없는 것으로 볼 수는 없을 것입니다. 우리는 전선의 앞장에 서서 항거하고 있는 터입니다. 우리가 싸우게 된다면 우리 싸움은 즉 세계 모든 자유민들의 싸움을 싸우는 것입니다. 세계적 자유의 전쟁을 우리가 생명을 걸고 싸우느니만치 모든 세계에 대해서 우리를 후원할 직책이 있다는 것을 주저치 않고 말하는 바입니다.

이승만 대통령이 말한 '자유의 전쟁'은 1년 후 현실이 된다. 그리고 대한민국은 그 싸움에서 자유를 지켰고, 대한민국이 자유의 보루임을 전 세계에 알렸다.

　우리가 살고 있는 이 나라는 자유를 위해 세워졌고, 자유를 위해 피를 흘렸으며, 자유를 위해 싸워야 하는 위대하고 아름다운 땅이다.

26
자유는
공짜가 아니다

미국 워싱턴D.C.의 링컨기념관 옆에는 6·25전쟁에 참전한 미군의 명예를 기리는 한국전쟁기념탑공원Korean War Veterans Memorial이 조성되어 있다. 비를 맞으며 행군 하는 미군들의 모습이 조각되어 있고, 기념비에는 "자유는 공짜가 아니다Freedom is not free"라는 문구가 새겨져 있다.

6·25는 제2차 세계대전 이후 인류가 치른 최대의 전쟁이었다.

트루먼 미국 대통령은 6·25전쟁이 한창 진행 중이던 와중에 "우리는 한국에서 제3차 세계대전을 막기 위해

FREEDOM IS NOT FRE

미국의 수도 워싱턴D.C.의 한국전쟁기념탑공원에 새겨진 글귀, "자유는 공짜가 아니다."

싸우고 있다"고 연설했다. 트루먼의 말처럼 6·25는 단순한 남북 간의 대결이 아니라 3차대전을 막아낸 전쟁이요, 3차대전 대신 치른 국제전이었다. 한편 제2차 세계대전 후 미국과 소련 등 두 초강대국을 포함한 세계의 거의 모든 강대국들이 참전한 최초이자 마지막 세계전쟁이며, 유엔이 수행한 가장 큰 전쟁이라는 역사적 의미가 있다. 그럼에도 불구하고 어느 누구도 기억하고 싶지 않은 전쟁, 잊힌 전쟁으로 사람들이 이 전쟁을 부르고 있는 것은 역사의 아이러니가 아닐 수 없다.

6·25전쟁에서 미군은 전사자 5만 4,246명, 실종 8,177명, 포로 7,140명, 부상 10만 3,284명 등의 피해를 입었다. 이 수치를 대략적으로라도 알고 있는 한국인은 얼마나 될까?

| 저자소개 |

강규형

연세대 사학과를 졸업하고 미국 인디애나대학에서 역사학 석사를, 오하이오대학에서 역사학 박사 학위를 받았다. 현재는 명지대에서 교수로 학생들을 가르치는 데 매진하고 있다.

연세대 통일연구원 연구교수와 대한민국 역사박물관 운영자문위원을 역임했다. 국사학계가 가진 치명적인 결점인 우물 안 개구리 식의 일국사 _國史_적 관점이 아닌 세계사적 조망으로 본 한국현대사, 또는 종족주의적 역사관을 탈피하는 국제관계사로서의 한국현대사의 진실을 밝히려고 노력하고 있다.

저서로는 『6.25전쟁의 재인식』(공저) 등 다수가 있으며 역서로는 『냉전의 역사』 등 다수가 있다.

김용삼

대전고를 나와 중앙대 문예창작과를 졸업하고 경남대 북한대학원을 수학한 저자는 조선일보에서 기자생활을 거쳐 월간조선 편집장을 역임하였다.

현재는 펜앤드마이크 대기자, 이승만학당 교사로 활동하고 있다.

저서로는『이승만의 네이션빌딩』,『이승만과 기업가시대』,『김일성 신화의 진실』,『박정희혁명1, 2권』,『대한민국 건국의 기획자들』등이 있다.

- 황장엽 망명사건 특종보도로 대한민국 언론대상(1997)
- 해양사상 고취 공로로 장보고대상(2008)

남정욱

1966년 서울 생. 방송, 영화, 출판 등 문화 관련 업종에서 25년간 일했다. 신문과 잡지에 그 시간만큼 글을 썼고 숭실대 문예창작학과에서 학생들을 가르쳤다. 현재는 대한민국 문화 예술인 대표로 있으며 지은 책으로는『편견에 도전하는 한국 현대사』,『꾿빠이 386』등이 있다.

정경희

서울대학교 역사교육과를 졸업하고 같은 대학교 서양사학과에서 석사와 박사학위를 받았다. 현재는 영산대학교에서 교수로 재직 중이다. 미국의 역사교육과 한국의 역사교육을 비교하는 연구를 하던 중 우리나라 역사교육의 문제점을 절감하게 되었으며, 이후 한국사 교과서의 편향성 문제를 집중적으로 연구하고 있다. 또한 한국현대사를 바로 알리기 위한 노력도 기울이고 있다.

저서로는 『한국사 교과서 무엇이 문제인가』가 있으며 〈역사교육을 둘러싼 한국과 미국의 이념논쟁 비교〉, 〈2013검정 고등학교 한국사 교과서의 서술 분석〉(공저) 등의 논문을 썼다.

• 주요 경력

(전) 미국 University of California at Berkeley 역사학과 객원학자

(전) 국사편찬위원(제18대)

주익종

경제학박사(한국경제사). 대한민국역사박물관 학예실장을 지내고 현재 이승만학당 교사로서 유튜브 '이승만TV'에서 한국근현대사를 강의 하고 있다. 저서로 『대군의 척후: 일제하의 경성방직과 김성수·김연 수』(2008), 『고도성장 시대를 열다: 박정희시대 경제외교사 증언』(공저. 2017) 등이 있으며, 좌편향 교과서를 바로잡는 교과서포럼의 『대안교 과서 한국근현대사』(2008) 편찬에 참여했다.

김일성이 일으킨 6·25 전쟁

초판 1쇄 발행   2019년 6월 25일
초판 3쇄 인쇄   2021년 9월 15일

지은이   강규형·김용삼·남정욱·정경희·주익종
펴낸이   안병훈
펴낸곳   도서출판 기파랑
등   록   2004. 12. 27 제300-2004-204호
주   소   서울시 종로구 대학로8가길 56 동숭빌딩 301호   우편번호 03086
전   화   02-763-8996(편집부) 02-3288-0077(영업마케팅부)
팩   스   02-763-8936
이메일   info@guiparang.com
홈페이지   www.guiparang.com

ISBN 978-89-6523-624-5   03910